KB157242

어른이 처음이라서 그래

어른이 처음이라서 그래

여전히 서툴고 모르는 것투성이인
어른을 위한 심리학 수업

하주원 지음

팜파스

프롤로그

어른 되기가 왜 이렇게 힘들까?

원래 다른 사람들을 위해 책을 쓰기 시작한 것이 아니었다. 내 자신에게 보내는 편지에서 시작되었다. 내가 느끼고 깨달았던 바를 막상 내가 자주 잊고 살기 때문이다. 가끔 학창 시절에 쓴 일기장을 보면 그때의 나에게 배울 점이 꽤 있다. 나이 들어도 잊지 않고픈 조언을 지금 써놓는다면 훗날의 내가 도움받을 수 있을 것 같았다. 그래서 더 나이 든 나에게 꼭 하고 싶은 말로 이 책을 채웠다.

진료실에서 새로운 계획을 세우며 꿈을 이루어가는 여든 살 어르신의 이야기를 들은 후 그분이 문을 닫고 나가는 몇 초간 벅찬 감동에 휩싸였던 적이 있다. 바로 다음번 순서로 들어오신 예순 살 어르신이 인생 다 끝난 사람처럼 달라질 게 아무것도 없다고 말씀하실 때 방금 나가신 여든 살 어르신을 다시 불러오고 싶었다. 몇 초간의 감동을 어떻게 간직할 수 있을까. 무릎이 아파서 걷기 힘들어지거나, 지금으로서는 상상하기 어려운 최신 기계를 다루지 못하게 되면 뭔가를 새롭게 시도하기 어려울 것 같아 두려웠다. 세상은 바뀌는데 내 삶은 그대로 머무르게 될까 봐 두려웠다.

예순 살에 꼭 이루고 싶은 꿈이 있다. 그러나 삶을 완성형으로 받아들이고 내 자신을 돌아보지 않는 일상 속에 그 꿈을 잊을까 봐 두렵다. 예전보다 평균 수명이 늘어났다고 해도 여생을 말 그대로 '남은 삶'처럼 생각하는 사람이 많다 보니, 나도 그렇지 않으리라는 보장이 없다(물론 바람과 달리 그보다 빨리 세상을 뜰 수도 있다). 그래서 다른 사람도 아닌 바로 나의 앞날을 대비하기 위해 성인발달과 전생애발달을 공부하기 시작했다.

나는 정신건강의학과 전문의로 인생사 전반에 대한 전문가는 아니다. 사실 의사가 하는 일은 잘못된 부분을 고치는 것이라서 자동차로 치면 정비 역할이지 튜닝이나 광내기, 세차까지 하는 것은 아니다. 하지만 정신건강 문제가 낫지 않는 이유 중 하나가 바로 어른으로서 자신의 삶에 대해 상당 부분이 결정되었다고 믿는 것이다. 많은 사람이 내 성격, 내 어린 시절, 내 기질 때문에 앞으로의 인생이 뻔하다고 여긴다.

지금 생각해보면 우스운데 나는 스무 살이 되고 대학을 가면 인생의 일부분이 매듭지어진다고 생각했다. 대학 합격 후 당시 유행

하던 노래 가사처럼 이제 고생 끝인 줄 착각했다. 대학에 들어가면 고생이 끝난다는 말은 열심히 공부하라는 속임수 같은 격려임을 그때는 미처 몰랐다.

최저 시급에도 못 미치는 월급을 처음 받았을 때, 아버지의 팔짱을 끼고 신부 입장할 때, 전문의 자격증을 땄을 때, 갓 태어난 아이를 내 품에 안았을 때, 아이들과 태양계에 대해 대화할 때 마치 내 삶이 완벽한 균형의 상태에 이른 듯했다. 반면에 소문의 와전으로 상처를 또 찔렸을 때, 3년 연속으로 가족 한 분씩 암을 진단받았을 때, 배 속에서 죽은 아이가 딸이라는 사실을 알았을 때, 믿었던 친구에게 배신당했을 때 내 삶이 계속 내리막길을 걸을 것 같았다. 강물이 흐르다 보면 때로는 물살이 세기도 하고 약하기도 하다는 점을, 그렇다고 바다로 흐르지 않는 것은 아니라는 점을 순간순간 잊고 살았다.

온갖 역경을 딛고 왕자와 결혼한 공주는 과연 어떻게 되었을까? 어렸을 때는 왕자와 공주는 영원히 행복할 것이라고 믿어야 어려움이 닥쳐도 희망을 품고 살아간다. 그런 기대로 어른이 되는 것이니까. 그러나 어른이 되면 그 결말은 작은 시작이었음을 안다. 현실을 들여다보지 않으려는 것일 뿐 보고 느낄 수 있는 현실은 어디에나 존재한다.

스무 살에게도 일흔 살에게도 24시간은 공평하게 주어진다. 미래의 나와 친구들에게 아무것도 끝나지 않았으며 이제 시작이라고, 모든 것을 바꿔야만 잘 사는 것은 아니라고 말하고 싶었다. 열심히 살라고, 과거를 돌아보지 말고 현재에 집중하라고, 마음을 비우라고 말하는 것보다 모호할 수도 있다. 어른이 된다는 것은 말처럼 간단하지 않다. 나도 어렵고 힘들어서 스스로를 다독이는 마음으로 편지를 쓰게 되었다.

목
차

미성숙한 어른의 모습을 마주하다

무엇이 진짜 어른이 되는 것을 가로막을까?

PART 1.

미성숙한 어른의 모습을 마주하다

나이는 숫자에 불과한 것이 아니다. 어른이 되어도 어른 같지 않은 사람이 많다.
오늘날 어른은 자기계발에 예전보다 훨씬 더 많은 시간과 비용을 투자한다.
하지만 그렇다고 해서 모두가 성숙하게 살고 있지는 않다. 도대체 왜 그럴까?

어른도 발달을 한다?

정신과에는
이상한 사람이 참 많아

당연하다고 할지 모르겠지만 정신과 환자에 대한 이야기가 아니다. 의사를 말하는 것이다.

"정신과 하는 애들 좀 이상해."

다른 과 의사들도 자주 하는 말이었다. 정신과(지금은 정신건강의학과로 이름이 바뀐) 의사인 나도 부정할 수 없다. 물론 처음에는 반박하고 싶었다. 이상한 것이 아니라 특별한 것이라고. 눈에 보이는 것만 다루는 다른 과 의사들에 비해 상대적으로 그렇게 보이는 것이라고. 우리는 좀 특별히 감성적일 뿐이라고.

전공의 시절 교수님을 도와 학술대회를 준비하면서 생각은 조금 달라졌다. 참가자 대부분이 정신과 의사 또는 심리학자인 학회였다. 전문 업체에 진행을 맡긴다고 해도 우리가 직접 해야 할 일이 있었기 때문에 데스크 앞을 떠날 수 없었다. 점심시간에 다른 직원들이 밥을 먹으러 간 사이 교수님과 내가 데스크를 지키고 있었다. 한 시간의 점심시간이 끝나고 오후 세션이 5분 남은 시점인 1시 25분이었다. 어떤 정신과 의사가 등록을 하면서 점심이 준비되어 있느냐고 물었다. 점심시간이 다 끝나서 새롭게 준비하는 것은 어렵다고 했더니, 그는 소리를 지르면서 항의하기 시작했다. 학회등록비에는 밥값이 포함된 것이 아니냐고 묻기에 그런 공지를 한 적이 없다고 대답했다. 그러자 "아직 점심시간 안 끝났잖아? 일을 이딴 식으로 해? 진짜 서비스직의 자세가 안 되어 있네"라면서 나와 눈을 마주치지 않은 채 반말을 내뱉었다. 왜 반말이냐고 따진다면 나한테 한 말이 아니라고 할 게 뻔했다. 얼굴에 열이 오르면서 가슴이 쿵쾅거렸다. 옆에 계시던 교수님께서 시끄러워지면 좋을 게 없다며 위층의 식당에서 식사하도록 처리해주셨다.

사실 한두 번 있는 일도 아니었다. 학술대회를 준비하는 동안 워낙 무례한 사람이 많았기에 그런가 보다 했다. 안타까운 점은 한 시간 후에 그가 내게 와서 정중하게 사과했다는 점이다. "죄송합니다. 아까는 정신과 선생님이신 줄 모르고 그랬어요. 정말 몰랐어요." 마음이 누그러졌다기보다는 슬펐다. 행사 진행 아르바이트생한테는 반말을 섞어서 항의해도 괜찮고, 정신과 의사한테는 그러면 안 되는 것일까.

정신과 의사는 다른 사람의 마음을 들여다보며 녹슨 곳이 있으면 칠을 하고, 부서진 곳이 있으면 바로잡는다. 섬세한 데다 사람의 마음에 대한 공부도 오랫동안 했다. 그런데 아는 것이 많다고 해서 꼭 그렇게 사는 것은 아니다. 별것도 아닌 일에 화내고 질투하며 욕망을 조절하지 못한다. 심지어 파벌을 만들어 다툰다. 환자의 이야기를 듣고 눈물을 흘리던 정신과 의사는 몇 시간 지나지 않아 주변 사람들을 이용해 자신의 이득을 취한다. 지위를 악용하여 성희롱을 하거나 폭언을 일삼는 사람, 알코올 중독인 사람, 남들보다 주목을 받거나 특별 대우를 받아야만 직성이 풀리는 사람 등 그 종류도 다양하다. 심리학자 및 다른 정신보건 전문가들도 크게 다르지 않았다. 많이 배운다고 해서 달라지는 것은 아니었다.

정신과 의사라는 직업이 좋은 까닭은 진료하면서 환자에게 삶을 배울 수 있기 때문이다. 어쩌면 화려한 대형 카페 주인보다 서울 끄트머리에서 작은 의원을 하는 내 형편이 더 나을 수도 있다. 정말 이상한 사람들은 정신과에 오는 것이 아니라, 카페에서 말도 안 되는 요구를 한다. “남들에게 늘 무시를 당해서 속상해요”라고 말하는 것이 아니라, 직원이 비웃었다고 온갖 트집을 잡으며 스트레스를 해소한다. 자신의 문제를 알고 고치려 오는 사람이 그런 면에서는 훨씬 낫다.

정신과 의사라는 직업의 단점은 이상한 정신과 의사나 심리학자를 많이 알게 된다는 점이다. 하루 종일 뇌와 마음에 대해 연구해도 막상 자기 자신이 어떤 모습인지 모를 수도 있음을 자주 깨닫는 것이 절망적이다. 내가 생각하는 나와 실제의 나는 전혀 다를 수도 있다는 공포! 나 역시 이 사람 저 사람에 대해 평가만 열심히 하며 어른이 되지 못한 채로 살 수도 있다는 사실이 무섭다.

탈무드에는 굴뚝을 청소하는 두 소년의 이야기가 나온다. 두 소년 중 얼굴이 더러운 소년은 깨끗한 소년을 보고 자기도 얼굴이 깨끗할 것이라고 생각해서 얼굴을 씻지 않는다. 반면에 얼굴이 깨끗한 소년은 더러운 소년을 보며 내 얼굴도 새까매졌구나 싶어서 얼굴을 씻는다. 그러나 랍비는 말한다. 두 아이 모두 굴뚝을 청소했는데, 어떻게 한 아이는 얼굴이 깨끗하고 한 아이는 더러울 수 있느냐고.

다른 이의 더러움을 보고 나의 더러움을 깨닫는 것. 쉬운 일 같아도 하지 못한 어른이 너무나 많다. 다른 사람의 모습을 잘 본다고 해서 자기 자신을 잘 알기는 어렵다. 하지만 자기 자신을 알아야만 앞으로 나아갈 수 있다. 자기 자신에 대해 잘 몰라도 앞으로 나아가는 아이들과 어른의 다른 점이다.

자기 자신에 대해 잘 알고 스스로 노를 젓는다고 해서 어른이 더 나은 어른으로 발달하기는 더 어렵다. 95퍼센트의 아이들이 15개월이 채 안 되어 걷고, 90퍼센트가 넘는 청소년들이 중·고등학교에 진학하는 등 비슷한 삶을 산다. 그렇다면 어른은 어떤가. 90퍼센트에 육박하는 사람들이 같은 일과routine를 따르지 않는다. 그 시기에 반드시 해야 하는 일은 사람마다 처한 환경마다 조금씩 달라진다. 즉, 발달 과업에서 공통분모가 줄어든다. 시간이 흐를수록 각자의 길을 걸어가는 것이다.

아이의 발달과
무엇이 다를까?

발달은 환경에 적합하게 자신을 변화시키는 것이다. 아이들은 자기 자신에 대해 몰라도 자연히 발달하는데, 성인이 될 때까지 성장과 발달에 대한 유전자의 요구가 있기 때문이다. 자연이 만든 프로그램이다. 자라면서 변화하지 않는 아이들은 거의 없다. 그 변화가 더딜 때 '발달지연'이라고 하고, 변화가 더딘 것과 더불어 보통 사람들과 다른 방향으로 갈 때 '발달장애'라고 한다.

발달에는 알맞은 때가 있는 법이다. 우리 유전자에는 몇 살 때 무엇을 하면 좋다는 정보가 저장되어 있다. 늑대 젖을 먹고 자란 소년은 결국 사람의 언어를 완벽하게 배우지 못했다. 물론 늑대소년이 사람들과 동떨어져 살았던 환경과 별개로 태어날 때부터 언어장애를 가졌을 수도 있다. 원래 발달장애가 있어서 버려졌다는 주장도 제기되었으니, 무엇이 원인이고 결과인지는 정확히 알 수 없다. 다만 늑대소년이 끝까지 언어를 습득하지 못한 주요한 원인은 때를 놓친 탓이다.

언어를 쓰는 뇌가 처음부터 발달하지 않은 상태에서 적절한 시기를 놓치면 언어를 습득하기 어렵다. 늑대소년은 프랑스의 이야기지만, 만약 그 소년이 어렸을 때 한국어를 배웠다면 어땠을까. 불어를 더 쉽게 배웠을지도 모른다. 언어를 습득하는 뇌가 일단 열려 있었을 테니까. 어른이 되어 새로운 외국어를 배우기는 힘들어도 불가능하지 않은 것처럼 말이다. 어렸을 때 해당 영역에 대한 경험을 통해 뇌 안에서 필요한 시냅스가 어느 정도 만들어지는 기초 공사를 거쳐야 새로운 가지를 뻗어 또 다른 것을 받아들인다.

발달에는 순서가 있다. 가끔 순서가 바뀔 때도 있지만 아기들은 뒤집고, 기고, 서고, 비로소 걷는다. 걷게 된 후에 기는 아기는 드물다. 이런 변화에서 남들과 다른 길을 걷는다고 해서 무조건 발달에 문제가 있는 것은 아니다. 신경계는 중심에서 말초로 발달하는 특성이 있어서 아기들은 목을 먼저 가누어야 앉는다. 이 같은 순서는 분명하다. 그러나 어른이 되면 발달의 순서가 자꾸 바뀌게 된다. 뇌에서 새로운 연결이 생기는 과정이 아니라, 불필요한 연결을 솎아내는 과정도 함께 일어나기 때문이다.

단지 편리하다는 이유로 우리는 많은 문제를 그냥 정상과 비정상으로 나눈다. '큰 문제가 있는 것'과 '아무 문제가 없는 것' 사이에는 수많은 상태가 존재함을 간과하는 것이다. 대부분은 그 사이 어느 지점에 있는데 자꾸 단순하게 구분한다. 대표적 발달장애인 자폐증의 경우 최근에는 '자폐스펙트럼장애'라고 병명이 바뀌었다. 자폐증의 유사 증상을 가진 질환들, 즉 문제가 없는 상태부터 정상 범주를 벗어난 가벼운 상태까지 넓게 아우르는 개념이다. 흑백처럼 정상 아니면 비정상, 딱 두 가지로 나누는 개념을 넘어 회색의 상태를 포괄한다.

스펙트럼의 개념은 발달장애에만 해당되지 않는다. 이 개념은 어른이 된 후, 다시 말해 전 생애발달에서 더 중요하다. 어른이 자라나는 방향은 굉장히 다양하여 결점이 있다고 해서 어른으로서 발달에 문제를 겪는 것은 아니다. 불면증이나 공황장애가 있어도 남들보다 뛰어난 사람도 많다. 반대로 결점이 거의 없다고 해서 괜찮은 어른은 아니다. 우울증으로 진단할 정도는 아니지만, 그다지 행복을 느끼지 못하며 사는 사람도 많다.

어린 시절이 인생을 결정하는 것은 아니다

나이에 따른 발달 과제에 대해서는 여러 가지 이론이 있다. 정신분석의 아버지인 프로이트Sigmund Freud는 아동기의 발달을 세분화한 데 반해, 성인기를 모두 성기기genital phase로 묶었다. 아동기는 네 가지 시기로 자세히 나눈 것과 달리 청소년기 이후는 뭉뚱그려서 설명하다 보니, 마치 생애 초기에 발달이 끝나고 어른의 삶은 고정된 것처럼 오해할 수 있다. 하지만 프로이트가 어른이 된 후의 발달 과정에 관심이 없었던 것은 아니다. 오히려 그 누구보다도 통찰이 깊었다. 그가 창시한 정신분석은 질병을 치료하기 위한 과정이라기보다는 어린 시절에 미처 발달하지 못한 부분을 메우거나, 어린 시절에 갇혀 사는 어른을 과거에서 꺼내려는 목적이 크다.

심리학자 에릭 에릭슨Erik Erikson이 프로이트의 의도를 가장 잘 간파했는지는 모르겠다. 에릭슨은 프로이트와 달리 생애 주기를 여덟 단계로 나누고, 그중 세 단계를 어른 시기에 할애했다. 특히 노년기를 포함했기에 생애발달에 대해 균형 있는 시각을 갖도록 도와주었다. 그리고 그의 이론을 바탕으로 수십 년간 많은 사람의 성인기를 추적하며 성인발달에 대해 연구한 사람이 조지 베일런트George Vaillant이다.

에릭슨은 각 시기마다 두 가지의 과제를 제시하여 대립과 균형을 강조했다. 두 가지의 과제가 서로 힘겨루기를 함으로써 다음 단계로 나아갈 수 있다는 개념이다. 한쪽이 다른 쪽을 이기거나 극복하는 것이 아니라, 앞서 언급한 스펙트럼의 개념에서 보는 편이 좋다. 무엇을 선택하느냐에 따라 균형이 생기는 지점은 다를 것이다. 에릭슨이 20~30대의 중요한 과제로 제시한 것은 친밀감과 고립감이다. 언뜻 보기에는 고립을 극복하고 사람들과 친밀해져야 하는 것처럼 느낄 수도 있지만, 그 사이에서 균형을 찾는 것을 의미한다.

우리가 한쪽만 선택해야 하는 경우는 배우자, 종교 등 몇 가지 밖에 없다. 선거 때마다 다른 후보에게 투표할 수도 있고, 취미를 바꿀 수도 있으며, 이사나 이직을 할 수도 있다. 사랑하는 사람과 많은 시간을 함께 보내면서 때로는 혼자 영화를 보는 시간이 더 즐거울 수도 있다. 순간마다 다른 선택을 하면서 친밀감과 고립감 사이에 팽팽한 균형의 지점이 생기게 된다. 그 지점을 찾는 사람도 있고, 그렇지 않은 사람도 있다. 당연히 둘 중에 하나만 완벽하게 해내면 된다는 뜻도 아니다. 친밀감을 쌓거나 사람들을 만나는 것에만 집착한 나머지 사람들을 사귀는 데 너무 많은 에너지를 쓰는 경우를 생각해보자. 혼자 있는 시간이 불안해서 누군가와 메시지를 계속 주고받거나, SNS에 실시간 근황을 올려 관심을 받아야만 한다. 끊임없이 친밀감만을 지향하는 삶도 피곤하다.

이 점을 염두에 둔 채 어른이 되어서도 꾸준히 발달해야 한다는 이론을 살펴보자. 직접적으로 설명하지 않더라도 이 내용은 다음 장들에 스며들어 있으니, 지금 읽지 않아도 상관없다.

에릭 에릭슨 및 조지 베일런트의 전 생애발달 이론

1. 0~1세: 신뢰 vs. 불신

양육자의 사랑을 통해 애착 관계를 형성하는 시기. 부모를 믿을 만한 사람으로 인식하고 의지한다. 울면 엄마가 젖을 주고 웃으면 손뼉을 쳐주는 등 요구가 채워지거나, 완전히 채워지지 않는 것을 받아들이는 과정을 통해 신뢰와 불신을 경험한다. 안전을 위해서는 위험하거나 낯선 것에 대한 불신도 필요하다.

2. 2~4세: 자율성 vs. 수치심

활동 범위가 넓어지며 배변 훈련을 통해 스스로에 대한 감각의 통제와 훈육을 경험하는 시기. 자율성을 무한대로 뻗어나가는 것 못지않게 통제하는 것도 굉장히 중요하다. 숟가락을 던질 힘이 없는 갓난아기와 두 돌이 지난 아이는 다르다. 자율성을 조절하는 데 수치심이 수반되며, 그 사이에 분노와 갈등이 자리한다. 자율성만 넘친다면 버릇없이 떼를 쓰고, 충동을 조절하기 어렵다. 반대로 수치심 쪽으로만 기울면 남의 눈치를 보는 사람으로 자라날 수 있다.

3. 4~5세: 주도성 vs. 죄책감

주변을 활기차게 탐색하는 과정에서 부모나 친구 등 다른 사람과 갈등이 생기기도 한다. 새로운 장난감을 발견했을 때 갖고 놀고 싶은 욕구가 탐색의 동기가 된다. 하지만 장난감을 갖는 과정에서 다른 친구와 쟁탈전 등 다툼이 일어난다. 주도적 탐색으로 인해 다치거나 부모에게 꾸지람을 들을 수도 있다. 그때 주도적 태도를 유지하느냐, 죄책감을 느껴서 중단하느냐의 선택을 반복한다.

4. 6~12세: 근면성 vs. 열등감

단체 생활을 하면서 현재의 즐거움에만 몰두하는 활동을 넘어 목표를 이루기 위해 참고 견디는 것을 배운다. 목표라고 하면 거창하게 들릴 수도 있다. 하지만 숙제를 다 하는 것이나, 마음에 드는 친구와 친해지는 것도 목표에 해당된다. 베일런트는 이 시기의 특징으로 어른과 함께 그리고 옆에서 작업하고자 하는 욕구를 꼽았다. 작은 목표를 이루는 경험이 일상에서 쌓여갈 때 근면성이 생기고, 그러지 못했을 때 열등감이 생긴다. 열등감을 통해 형성되는 경쟁심이 적당할 때 에너지원이 되기도 한다.

5. 13~19세: 정체성 vs. 역할 혼란

부모나 형제와 같은 원가족과는 별도로 심리적인 분리를 준비하는 시기. 그러기 위해서는 자존감 확립이 중요하다. 어렸을 때의 기억과 현재 자신의 상태를 체계적인 데이터로 만든다. 칭찬받았거나 혼났던 상황, 나를 좋아하거나 싫어하는 친구를 단순한 현상으로 보는 것에 그치지 않고 '내가 이런 사람이구나'라고 정의를 내리기 시작한다.

정체성이 잘 형성되지 않아서 역할 혼란을 겪는 것이 아니라, 역할 혼란을 겪기에 정체성이 올바르게 형성된다. 제한된 시간 안에서 청소년들이 한 번에 맡은 역할은 굉장히 다양하다. A의 친구이자 B의 친구, 부모님의 자녀이자 동생의 언니, 학교 선생님의 제자이자 ○○학원의 수강생, C에게 고백을 받았지만 실은 D를 좋아하는 사람 등 여러 역할 사이에서 균형을 찾으려는 노력이 정체성을 일군다.

마음이 꼭 행동을 결정하는 것은 아니다. 때로는 행동이 마음을 결정하기도 한다. 학원에 갈 시간이 다 되었는데 새로 생긴 게임방에서 오픈 기념 무료 이벤트를 하면 어떻게 할 것인가. 페이스북에서 친구가 다른 친구를 공격할 때 댓글을 같이 달아야 하나, 공격당한 친구를 위로해야 하나. 어른은 별로 심각하다고 보지 않는 질문을 어떤 식으로 풀어가면서 역할 혼란을 해결하느냐에 따라 정체성이 형성된다.

6. 20~39세: 친밀감 vs. 고립감

성인발달의 통로. 사람들 대부분은 20~30대에 중요한 선택 두 가지를 한다. 누구와 살지, 무엇을 하면서 먹고살지. 남들이 부러워하는 배우자와 결혼이라는 제도 안에서 함께하는 것이 친밀감의 달성은 아니다. 양보와 희생을 기꺼이 감수하며 행복감을 느끼는 관계를 오래 지속하는 것이 중요하다.

6A. 경력 강화 vs. 자기 몰두

베일런트가 제시한 것으로 가족 안에서 정체감을 찾는 청소년기에서 한 단계 나아가 세상 속에서 정체감을 찾는 것을 의미한다. 발달적인 측면에서 적절한 이기심을 통해 자기 관리를 할 수 있다고 했다.

7. 40~64세: 생산성 vs. 침체

내 삶을 통해 무엇을 이룰 수 있고, 이제까지 무엇을 했는지가 중요하다. 일을 꾸준히 해왔다면 경험이 많이 쌓인 시기여서 결정권을 갖게 되는 경우가 많다. 자녀를 키웠다는 것도 성과 중 하나다. 한 인간으로 태어나 다음 세대에 무엇을 전달할 것인가에 몰두하게 된다. 물론 사람들이 의식적으로 "나는 인류에 무엇을 공헌했는가?"라는 질문을 던지지는 않기에 생산성에 대해 생각해본 적이 없다고 할 수도 있다. 하지만 내 아이가 다른 아이와 비교해서 어떠한지 평가하고, 직장에서의 내 위치를 계속 돌아보는 것 모두 연관되어 있다.

별로 한 것이 없다는 생각이 들면 우울해지고 외로워지기도 한다. 이제까지 이룬 성과와 더불어 주변에 남은 것은 무엇인지

고민을 많이 하는데, 신체적으로는 생산성이 떨어지는 시기다. 계획을 추진하는 능력은 20대보다 나아도 기억력 등 다른 부분이 자꾸 떨어지다 보니, 그 간극을 메우기 위해 힘들 수 있다. 자각과 현실의 차이에서 정체되거나 더욱 몰입한다.

7A. 의미의 수호자 vs. 경직성

중년 이후에는 새로운 것을 받아들이는 것뿐만 아니라, 기존의 문화를 보존하기 위한 역할을 한다. 가까운 공동체를 넘어 사회적인 반경으로 관심이 확장되는 것이다. 지혜를 추구하고 보살피는 역할을 충실히 수행하기 위해 노력한다. 정치적으로 보수 성향을 띠어야 하는 것으로 오해해서는 안 된다.

8. 65세 이후: 통합성 vs. 절망감

삶에 대해 정리하고 통합하는 시기. 자식도 다 키우고 은퇴도 해서 사실 내가 없어져도 큰일 날 것은 없어 보인다. 지나온 삶에 대해 반추하면서 기억을 차곡차곡 개어놓고 인간관계를 정리한다. 정리한다고 해서 무조건 사람을 덜 만나는 것으로 생각할 수도 있지만 그건 아니다. 유익한 관계에 시간을 할애한다는 점에서 노년기의 인간관계는 오히려 행복할 수 있다.

절망감은 허무함과 다르다. 내 삶이 아주 특별하고 거창할 것 같은 청소년기의 전지전능감과는 반대로 노년기에는 나도 다른 사람들과 똑같이 죽음을 맞이할 수밖에 없음을 인지한다. 죽음을 받아들이는 것이 꼭 병상에서 유서를 쓰는 것은 아니다. 저마다 삶에서 공유하는 어쩔 수 없는 부분에 대해서 인정하고 받아들인다. 절망은 실패했다는 체념이 아니라, 시간의 흐름을 뼛속 깊이 인정한다는 뜻이다.

에릭슨의 이론에서 지금 어떤 시점에 와 있다고 지난 시절의 과제에 신경을 쓰지 않아도 된다는 의미는 아니다. 발달에는 순서가 있으므로 대략적으로 묘사하는 것일 뿐이다. 인간은 알에서 유충, 애벌레, 번데기를 거쳐 나비가 되는 것처럼 발달하지 않는다. 그렇다면 왜 여덟 단계로 나누었을까? 때에 맞는 과제에 집중하는 것이 가장 쉽기 때문이다. 멀쩡하게 잘 살아가는 30대 중에서도 신뢰와 불신의 문제가 가장 큰 화두일 수 있다. 누군가 친절을 베풀어도 의도가 무엇인지 경계할 수 있다.

숫자로 표시한 나이대로 삶은 흘러가지 않는다. 에릭슨이 살던

20세기와 앞으로의 모습은 또 다르지 않을까. 노년기의 긴 시간을 한 묶음으로 표현하기보다는 더 다양하게 나눌지도 모른다. 실제로 새로운 시작을 맞이하는 노인들이 늘어나고 있다. 새로운 일을 하거나, 사별 또는 황혼 이혼 후 연애를 다시 시작한다. 많은 시간을 이미 살아버렸다고 해서 발달이 끝났다고 생각할 필요 없다.

삶의 어떤 때만 중요하고 다른 때는 덜 중요할까? 노년기 때 3년간 열심히 공부하는 것보다 고등학생 때 3년간 열심히 공부하는 편이 더 효율적이고, 더 많은 기회를 가질 수 있다. 발전하는 데 효율적인 시기가 있고, 에릭슨의 이론도 그 부분을 말해준다. 그렇다고 다른 시절에 절대로 그 과제를 할 수 없는 것은 아니다.

논어에서도 전 생애발달에 대해 다루었다. 아이를 불완전하고 자연의 영향을 많이 받는 존재로 보았기에 어른 이후의 발달을 더 강조했다. 불혹不惑은 부질없이 엉뚱한 것에 마음이 갈팡질팡하지 않는 나이다. 종심從心은 하고 싶은 대로 해도 법도를 넘지 않는 나이로 욕구와 윤리, 본능과 이성의 충돌이 거의 없어진다고 했다. 바꿔 말하면 종심 전까지는 성인聖人인 공자님조차 법도를 넘어설 수 있었다는 뜻이다. 스스로를 통제하기 위해 종심까지도 애썼다. 남들에게 존경받는 상태에서 삶을 완성했다고 여길 수도 있을 텐데, 그때까지 계속 성장하기 위해 애썼다는 점이 중요하다.

수천 년에 한 번 나올까 말까 한 성인의 기준이 이 정도다. 우리

같은 보통 사람들은 마흔에 불혹을 달성하기 어렵다. 마흔이 넘어도 부질없는 것에 갈팡질팡한다. 그러니 공자님처럼 살지 못한다고 실망해서는 안 된다. 달라져 봤자 얼마나 달라지겠느냐 여기지 말고, 스스로를 돌아보고 애쓰는 과정 자체에 의미를 두는 편이 현명하다.

어른이 바뀌기는 더 어려울까?

나만 빼고
다 바뀌어라

전정국 씨는 공직에 있다가 얼마 전 은퇴했다. 35년간 매일 출근할 때 아내가 차려주는 밥을 먹었고, 집에 오면 밥이 차려져 있는 것이 당연했다. 나를 위주로 모든 것이 돌아갔기 때문이다. 전정국 씨의 어머니가 중풍을 3년 앓고 돌아가시는 날까지 병간호를 했던 사람은 아내 오경사 씨였다. 살림하면서 아이들을 키우느라, 시어머니 병간호를 하느라 바쁘게 달려온 삶에 이제야 자유가 생겼다. 그러나 결혼한 딸의 임신 소식에 그마저도 시한부가 되고 말았다. 계속 일하고 싶어 하는 딸의 마음을 모른 척할 수 없으니, 출산 휴가가 끝나면 아마도 아기를 봐주어야 할 것이다.

평소 허리가 아팠던 오경자 씨는 아기를 보기 전에 어서 나아야겠다는 생각에 수영을 배우기 시작했다. 수영장에서 만나는 동네 아주머니들과 수다도 떨고, 가끔 점심도 먹고 들어온다. 사람들을 만나면서 스트레스가 해소되는 기분을 느낀 오경자 씨는 몇십 년 만에 고등학교 동창들과 주말에 나들이를 가기도 했다. 월 몇만 원씩 모은 돈으로 중국 여행도 계획하고 있는데, 전정국 씨는 사실 이게 불만이다.

"아니, 집에서 놀던 여자가 남편이 집에 있으면 남편 밥 해주고 남편이랑 놀면 되지. 왜 그렇게 돌아다니며 다른 사람들이랑 노나요? 수영 배우러 가서 실컷 놀다가 자기는 고구마나 옥수수를 먹고 와요. 저요? 혼자 점심 먹으면 그렇게 처량한 게 없죠. 또 무슨 여행을 간다고 해서 다녀오라고는 했는데, 집사람이 얄밉죠. 원래 저 정도는 아니었어요. 이제 내가 돈을 못 버니까 이런 대접을 하는 거예요."

전정국 씨가 새로운 환경에 적응하려면 어떻게 해야 할까? 먼저, 아내를 바꾸려는 시도를 하는 것이다. 가족을 위해 희생과 헌신을 보여줬던 아내가 달라졌기 때문이다. 오경자 씨가 수영을 배우러 가면 다른 사람들과 어울리지 말고 바로 집으로 오라고 닦달하면 된다. 온종일 말을 하지 않거나, 밥을 먹지 않는 시위를 하면 일단 마음을 알아줄 것이다. 점심시간에 맞춰 부리나케 와서 남편에게 밥을 차려줄 수도 있다. 하지만 진심으로 애정을 담아서 하는 행동이라기보다는 화를 내고 밥을 안 먹는다고 하니까 어쩔 수 없이 맞춰줄 뿐이다. 몇십 년 만에 얻은 자유를 제대로 누리지 못하고 집으로 달려오는 사람의 발걸음이 오죽하겠는가.

같이 사는 사람은 가장 중요한 환경이다. 사람이라는 환경을 바꾸려고 할 때는 역효과를 각오해야 한다. 세 살짜리 아이도 다른 사람이 자신을 바꾸려고 하는 것을 흔쾌히 받아들이기는 어렵다. 대개 다른 사람이 자신을 바꾸려는 뜻에 따르는 경우는 두 가지다. 정말로 상대방의 생각이 옳아서 납득하거나, 귀찮고 힘든 일을 피하기 위해서 억지로 받아들이거나. 논리적인 사고가 거의 발달하지 않은 네 살짜리 아이도 아빠가 TV를 꺼버릴 가능성과 같은 더 안 좋은 결과를 피하기 위해 억지로 밥을 먹을 줄 안다.

어른이 최악의 상황을 피하기 위해 마지못해 했을 때는 한계가 따른다. 오경자 씨가 피곤한 일을 만들지 않으려고 억지로 남편의 부탁을 들어줄 수는 있다. 그러나 남편에게 밥을 차려주는 것이 중요하니 아무 데도 못 가는 것이 당연하다고 납득하기는 어렵다. 남편을 시어머니를 모시며 아이들을 키운 힘든 삶을 이해해주지 못하는 사람으로 그리고 지금은 구속하려는 사람으로 여기게 되어 마음은 더욱 멀어진다.

전정국 씨는 아내가 왜 힘들어하는지를 생각해보지 않았다. 상대방에 대한 공감은 없고, 내가 제일 힘드니까 나에게 맞춰주기를 원한다. 전정국 씨와 같은 어른은 남이 평생 짊어진 10은 보지 못한 채 자신이 새롭게 짊어진 1이 힘들다고 토로한다. 정말 그게 진심이다. 남자가 혼자 밥을 차려 먹는다는 그 새로운 어려움을 극복하기 싫은 것이다.

"세상에 먹고사는 것보다 중요한 것이 있나요? 잘 먹어야 건강할텐데, 내가 빨리 죽기를 바라는 건지…."

물론 이런 사람이라고 해서 의식적으로 '그래 난 문제없어. 난 바뀌지 않을 거야. 나 말고 주변의 환경이나 사람들이 바뀌어야 돼'라고 하지 않는다. 예전처럼 불같이 화를 내면서 큰소리치지 않으니 본인도 많이 바뀌었다고 여길 수 있다. 그러나 여전히 자신도 모르는 사이에 주변을 바꾸려는 노력을 주로 한다. 이런 사람들은 스스로 치료를 받으러 오기보다는 가족을 정신과에 데려간다.

나를 바꾸는 것이 낫다

나이가 들수록 내 뜻대로 환경을 개척하지 못해 좌절을 겪기 쉽다. 앞서 말했듯이 어렸을 때는 시간이 지나면서 새롭게 밟게 되는 과정이 준비되어 있다. 키도 자라고, 학년도 바뀌며, 못하던 15세 이상 게임도 할 수 있게 된다. 그러나 어른은 나이가 들수록 인격이나 능력에 있어 변화하는 속도가 느려지는 탓에 내면의 발전보다 경제적 부분이나 건강에 대한 바람만 커진다. 안타깝게도 어른이라고 해서 특별한 고차원적 가치를 좇기 어렵다. 즐거움이나 인간관계 등에 가치를 덜 두고, 경제력이나 건강 등에 더 많은 가치를 두게 된다.

20~30대에 돈을 모아서 경제적 사정이 나아지는 경험을 몇 년간 할 수 있을지도 모른다. 그래도 돈은 늘 충분하지 않다. 앞으로도 그럴 것이다. 경제적 성장을 이룩한 후 사람들에게는 예전만큼의 경제적 성장이 어려운 상황이 반드시 온다. 소득 수준이 아무리 높아져도 자신의 소득으로는 당장 하기 어려운 일을 바라는 것은 마찬가지다. 심지어 원하는 물건을 마음껏 살 수 있는 상위 0.1퍼센트의 부자가 되면 돈으로 살 수 없는 것을 구매하기를 원하므로 결핍은 계속된다.

건강이 최고라는 말도 자주 한다. 하지만 이 말은 다른 가치를 추구하지 못한 것에 대한 자기 위안에 지나지 않을 수 있다. 누가 몰라서 건강을 생각하지 않는가. 아무리 노력한들 병이 찾아오는 것을 100퍼센트 예방할 수 없다. 더욱이 나이가 들수록 체력이 안 좋아지거나, 잔병이 늘어날 확률은 높아진다. 아픈 사람에게 건강이 최고라는 말을 아무렇지 않게 하는 것은 키 작은 사람 앞에서 역시 키 큰 게 최고라고 말하는 것과 다름없다. 건강이 최고라는 말 속에는 건강을 당연시하는 마음도 포함되어 있어서 더 위험하다.

무엇이 건강일까? 다른 질환은 앓지 않고 암에 걸린 사람과 관절염, 공황장애, 디스크, 편두통, 요실금, 고지혈증을 앓고 있는 사람 중에 누가 더 건강할까? 나아가 병이 없다는 것이 과연 건강이라고 할 수 있을까? 노화가 진행되면 쉰 살 이후에 병을 하나씩 얻는 경우가 많다. 병이 있다고 절망하는 것과 병과 더불어 살아가는 것은 결국 나를 바꾸느냐 환경을 바꾸느냐의 문제다. 약도 복용하지 않고 통증이나 불편한 부분이 하나도 없는 '완벽한 상태'만 건강이라고 보면, 예전보다 길어진 후반전이 불만족스러울 수밖에 없다. 내 나름대로 건강에 신경 썼는데 이렇게 많은 병을 얻었다며 마음의 건강까지 나빠지는 악순환을 겪는다.

건강은 공평하지 않은 환경이고, 쉽게 바뀌지 않는다. 술이나 담배를 실컷 하고도 건강한 사람들이 있다면서 비교하기 시작하면 끝이 없다. 생각을 바꾸기보다는 가족을 닦달하면서 비위를 맞춰주기를 기대하면 불행해진다. 전정국 씨처럼 '밥을 차려줬으면'이라고 다른 사람의 행동이 바뀌기를 바라는 것보다 오경자 씨처럼 수영을 배우며 노력하는 편이 낫다. 아내와의 기싸움으로 새로운 삶을 맞이

하지 못한다면 전정국 씨의 건강은 오히려 더 나빠질지도 모른다.

자신은 결코 움직이지 않은 채 주변을 바꾸려는 태도는 나이가 들면서 강화되기 쉬운 특징이면서도 어른이 성장하는 것을 가로막는다. 물론 우리 삶에서 환경만 바꾸려는 시도를 성공한 적도 있을 것이다. 많은 아빠가 큰소리를 치며 가정을 좌지우지했고, 많은 엄마가 억지로 아이를 공부시켰다. 직장 상사는 부하 직원을 변화시켜 자신이 일하기 좋은 환경으로 만들기도 했다. 성공한 적도 있으니까 습관을 버리지 못하는 것이다.

어차피 모든 사람이 만족할 수 없는 세상, 한쪽이 다른 쪽을 적응시키는 시도가 잘되면 정말 좋다. 하지만 안되면 부작용이 따른다. 우리는 나이를 먹고 세상은 지금보다 더 빠르게 변할 것이다. 나이를 거꾸로 먹는 사람은 없기에 앞으로 내 시계를 자주 세상의 시계에 맞추려는 노력이 필요하다.

자기 자신을 일기란 어렵다

교육 수준이 높은 사회에서는 자기 자신을 들여다보려는 노력을 하는 사람이 더 많아진다. 좋은 대학을 나오면 자기 자신을 잘 들여다본다는 의미가 아니다. 아예 교육을 받지 못하거나 초등학교를 그만둔 것에 비하면, 고등학교를 졸업한 사람이 스스로를 돌아보는 능력이 뛰어날 가능성이 크다는 뜻이다. 스스로를 돌아보는 능력이 높아진 것은 인터넷과 스마트폰을 통해 다양한 정보를 접하는 것도 한몫했다. 책이 훨씬 더 양질의 정보를 담고 있지만, 책을 읽는 사람은 예나 지금이나 일부에 지나지 않는다. 스마트폰으로 당장 성격이나 심리를 검색하면 우울증 자가진단 테스트, 건망증 자가진단법 등 많은 자료가 나온다. 어떤 것은 병원에서 진료할 때 쓰는 유료 설문지와 비슷한 수준이라서 놀라웠고, 어떤 것은 이게 아닌데 싶어서 실망했다. 이러한 자가진단에는 장단점이 있는 듯하다.

요즘에는 진료나 상담을 받기에 앞서 알아보고 오시기도 한다. 정신과 의사의 자존심을 좀 더 굽힌다면 "인터넷에서 테스트를 해보니 우울증 같아서 왔어요"라는 이야기를 어느 정도 신뢰할 수밖에 없다. 현재 우울 삽화depressive episode 여부를 알 수 있는 선에서는 꽤 정확하기 때문이다. 각 증상의 무게가 같지 않아 얼마나 심한 우울증인지 자가진단으로 판단할 수는 없다. 중점을 두어 치료해야 할 증상도 다시 확인해야 한다. 양극성 장애(조울증)의 우울증 시기는 아닌지, 만성적이고 얕은 에너지가 오래 지속되는 기분부전증dysthymia은 아닌지도 가려내야 한다.

정신건강 문제에 대해 상담이나 치료를 거부하는 사람이 자가진단 테스트를 통해 증상을 짚어본다면 뭔가 행동을 취할 계기를 마련할 수 있다. 물론 이 방법이 늘 통하는 것은 아니다. '병식이 사라지는 것' 자체가 하나의 증상일 수 있다. 굴뚝을 청소한 소년처럼 말이다.

우울증이 심한 사람은 오히려 아프다는 것조차 깨닫기 어려울 수 있다. 알코올 중독이 심한 사람은 술에 취해 자가진단을 거부한다. 성격 문제처럼 가볍고 오래 지속된 경우에도 자가진단의 결과와 진짜 문제는 동떨어져 있을 때가 많다. 치매나 아동의 ADHD 같은 경우 다른 사람들이 주의 깊게 관찰하면 도움이 된다. 대개 증상을 잘 인식하지 못한 채 "TV 프로그램에 나온 증상이 저랑 딱 맞아요"라면서 스스로 오신 분 중에는 양성 건망증이나 우울증일 때가 훨씬 많다.

마음의 문제를 인정하고 싶지 않은 마음도 하나의 걸림돌이다. 마음의 병도 몸의 병처럼 아프면 고쳐야 한다. 환자와 정상인으로 나누는 것이 아니라, 누구에게나 아픈 시기가 있을 뿐이다. 수치가 명확하게 나오거나 증거가 있는 것이 아니므로 "난 문제없어"라고 하는 사람에게는 소용없다.

원하는 대로
다 이루어져라?

어른이 되어서도 인격이나 생활 방식을 바꾸려는 노력을 하기 위해서는 긍정적 사고가 중요하다. 긍정적 생각은 마음의 건강뿐 아니라, 몸의 건강에도 도움이 된다. 뇌의 호르몬이 활발히 분비되고, 몸의 대사가 원활해지며, 폭식이나 과음을 예방한다. 심지어 항암치료를 더 잘 견딜 수도 있다. 하지만 긍정 심리학에 대한 책을 한 권이라도 처음부터 끝까지 다 읽은 사람보다 긍정적 사고를 불러일으키는 한 문장을 SNS에서 접한 사람이 더 많다. 긍정적 사고를 잘못 오해한 탓에 오히려 마음에 병이 들어 아프다.

'간절히 바라면 이루어질 거야'와 같은 낙관적 태도가 대표적이다. 어린이와 청소년은 이런 꿈을 통해 옆을 보는 것과 앞을 보는 것 사이에서 균형을 잡는다. 아직 어려 스스로를 통제하기 힘들고 주변에 재미있는 것도 많다 보니, 공부든 운동이든 기술이든 꾸준히 하려면 꿈이 필요하다.

한 사람의 성장기와 마찬가지로 기업이 도약의 발판을 다지는 시기에도, 1970년대 새마을 운동에서도 일단 앞으로 나아가는 희망은 중요했다. 그러나 어른이 되어서는 한 방향으로 돌진하는 꿈만으로 먹고살기 어렵다. 원하는 바를 이룬 사람보다 이루지 못한 사람이 훨씬 많다. 최선을 다해도 이루어지지 않는 것이 있다. 이 점을 받아들이고 그 안에서 행복을 찾는 편이 현명하다. 어린 시절의 삶과 다르다는 점을 받아들여야 한다.

평범한 집안, 평범한 동네에서 자란 나는 대학에 가서 소위 금수저 친구들을 처음 만났다. 겉보기에는 많은 것을 누리는 삶이 마냥 행복할 것 같았다. 하지만 그 친구들은 또 그 위치에서 끊임없이 원하는 것을 전부 가지지 못하는 삶을 살고 있었다. '돈이 많아도 불행하다', '돈이 없으면 불행하다' 모두 틀린 말이었다. 돈은 갑자기 생기거나 갑자기 없어질 때 행복과 불행을 좌우할 뿐 계속되는 상태일 때는 날씨와 다름없는 환경이었다. 환경과 재능을 감사하며 일상의 좌절을 스스로 해결하는 친구도 있는 반면에, 가지지 못한 5퍼센트를 못 견디고 힘들어하는 친구도 있었다.

간절히 바라는 것이 이루어졌을 때 삶에 감사하고 행복하기는 쉽다. 짝사랑하던 사람이 고백했을 때, 원하는 회사에 몇백 대 1의 경쟁률을 뚫고 입사했을 때, 아기가 밤새 깨지 않고 잘 때, 아이가 받아쓰기에서 100점을 받아왔을 때, 버스 정류장에 도착한 지 1분 만에 타려던 버스가 왔을 때는 내 인생이 뭔가 잘되어 가는 것 같아 기쁘다. 사람들 대부분은 이럴 때 행복하다고 느낀다.

문제는 바라는 것이 이루어지지 않았을 때다. 세상에는 내 마음대로 되지 않는 것이 훨씬 많다. 열정을 쏟았는데도 연인은 어째서

인지 이별 통보를 하고, 원서를 수십 군데 넣어도 연락 오는 회사는 없고, 옆집 아기와 달리 우리 애는 두 시간마다 깨서 울고, 아이가 학교에서 싸웠다는 전화를 받고, 손을 흔들며 뛰어가도 배차 간격 20분인 버스는 붕 떠나버린다. 남들이 하지 않는 큰 잘못을 저지르거나, 특별히 게으르게 살지는 않았다. 매일 최선을 다해 살았는데도 사소한 것조차 내 마음대로 되지 않는 상황이다. 이럴 때 마음만 먹으면 다 할 수 있다는 태도로 산다는 것은 잠시 기분 좋은 일에 그칠 확률이 높다. 행복과 달리 행운에 기대는 것이기 때문이다. 무조건 할 수 있다는 태도는 어른에게 어떻게 보면 좀 잔인하다.

할 수 있다는 낙관은 나이가 들수록 더 문제가 된다. 40대 이후 생산성과 침체의 시기, 즉 이롭고 의미 있는 일을 얼마나 이루었는지가 가장 중요한 시기에 도달했을 때 더 큰 위기에 봉착한다. 노력하면 이루어진다는 메시지 속에는 자꾸만 눈에 보이는 성과를 달성해야만 한다는 강요가 숨어 있다. 생산성을 눈에 보이는 어떤 대단한 것으로 생각할 수 있는데, 별다른 큰 구멍 없이 삶이 굴러가는 것만으로도 생산성을 달성하는 것이다. 사실 이게 가장 어려우며, 이런 삶은 인생의 선물이지 노력해서 달성하는 것은 아니다.

현재에 감사하며 미래를 향해 나아가는 것이 긍정적 사고다. 2016년 〈컨택트〉로 영화화된 SF 소설 《당신 인생의 이야기》를 보면 주인공인 언어학자는 갑자기 지구를 방문한 외계인을 만나 외계인의 언어를 배운다. 새로운 형태의 언어를 배우면 생각의 방식도 그 언어에 맞게 달라진다는 것이 소설의 주제다. 문어같이 생긴 외계인들은 과거, 현재, 미래 구분 없이 언어를 사용한다. 어떤 문장은 미래에 일어날 일을 이야기하는 형태여서 그 언어를 배운 주인공 또한 현재를 살아가면서 미래까지 지각하게 된다. 결말을 미리 아는데도 주인공은 똑같이 생활한다. 순간에 감사하며 살아가는 것밖에 할 수 있는 일이 없기 때문이다.

미래를 다 아는 상황에서도 현재를 사는 것이 어떤 의미가 있을까? 그런 새로운 차원에서도 삶은 분명히 의미가 있다. 다행히도 우리는《당신 인생의 이야기》에 나오는 외계인들을 만나지 못했고, 그래서 미래를 모른다. 외계인의 언어를 통해 어쩔 수 없이 현재와 미래를 동시에 겪게 된 언어학자만큼 엄청나게 긍정적으로 살지 않아도 된다. 미래를 모른 채 현재에만 집중할 수 있어서 어떻게 보면 편하다.

어른으로서 발달을 지속하는 데 나의 어떤 점이 잘못되었다고 짚자는 이야기는 아니다. 변화는 반드시 자기반성을 필요로 하는가? 그렇게 생각하지 않는다. 잘못되어서 바꾸는 것이 아니라 환경이 그렇기 때문에 바꾸겠다는 태도, 자기 자신을 이해하고 받아들이려는 긍정적 사고. 두 요인이 굉장히 관계있다고 본다. 열심히 살았는데 뜻대로 되지 않은 부분도 있으므로 현재의 환경에서 조금 바꿔보겠다는 태도가 어른에게는 더 도움이 된다. 안타깝게도 미래는 바라는 대로 흘러가지 않을 가능성이 크다. 그렇다고 해서 손 놓고 있을 수도, 늘 불안해할 수도 없는 노릇이다.

어른이 되어서도 뇌가 발달할까?

뇌의 리즈 시절은 언제일까?

단칸방에 살아도, 새벽까지 술을 마시고 출근해도 젊으니까 괜찮은 시절은 지나간다. 뇌는 나이가 들수록 어떤 면에서는 쉽게 착각하지 않는다. 즉, 괜찮지 않은 것을 괜찮은 것으로 받아들이는 능력이 떨어진다. 경고 신호가 좀 더 자주 울리게 되는 것도 우리 몸이 나이와 상황에 맞게 발달한 결과다. 젊은 시절처럼 그냥 달려서는 실제로도 위험하다. 이때 "예전 같지 않아. 나 젊었을 때는 말이야…"라고 한탄하기보다는 바뀐 상황에 적응하는 편이 좋다.

왜 나이가 들면 고혈압에 잘 걸릴까? 혈관이 덜 탱탱해지고 더

딱딱해지기 때문이다. 정상혈압이 120/80mmHg이라는 것은 20분 이상 쉬면서 편안하게 앉은 채로 혈압을 쟀을 때를 기준으로 한다. 혈압은 사실 하루 종일 변한다. 러닝머신을 하면서 혈압을 재면 당연히 170/100mmHg으로 올라가고 맥박도 빨라진다. 뛰거나 음식을 먹거나 불안한 상태에서 평소와 혈압이 똑같다면 오히려 비정상이다. 젊은 혈관은 신축성이 뛰어나서 어떤 상황에서든 혈압이 잘 변하고, 정상혈압으로도 빨리 돌아온다. 혈압 외에도 맥박, 체온 등에 대한 생체신호vital sign 모두 마찬가지다. 환경에 상관없이 유지되는 부분(항상성homeostasis)과 환경에 맞게 적응해서 변화하는 부분(신항상성allostasis)이 조화를 이루면서 굴러간다.

나이가 들면 혈관이 상황에 따라 혈압을 자유자재로 바꾸는 능력이 떨어진다. 평생 고요하고 평화로운 산속에서 명상하며 살 수 있다면 적응력이 떨어지는 것은 큰 문제가 아니다. 사람들 대부분은 바쁜 도시에서 분주한 일상을 보내기에 현실에 적응하는 힘이 중요하다. 환경의 변화를 몸이 따라가지 못하면 신체에는 하나의 짐allosteric load처럼 대사증후군이나 심장질환 등 이른바 스트레스로 인한 여러 가지 질병이 생겨난다. 주변 상황에 적응하는 혈관의 신축성이 떨어지면서 이 모든 것이 시작되는 것이다. 사실상 우리가 아는 많은 질병의 가장 큰 위험 요인은 음주나 흡연이 아닌 바로 '나이'다.

발달 과정에서 뇌의 모든 부분이 같은 시기에 비슷한 속도로 성장하는 것처럼 보일 수도 있다. 하지만 키와 체중이 늘어나거나 언어가 발달하는 것처럼 겉으로 드러나는 모습을 보며 느끼는 착시 현상이다. 마치 발달이 양적으로 일어나는 것처럼 느껴진다. 우리 뇌에서도 눈으로 보는 것과 다른 일이 일어난다. 어떤 부분은 조금 일찍 자라고, 어떤 부분은 더 늦게 자란다. 어른이 된 후의 발달 과정을 보면 더 확실하게 알 수 있다.

뇌를 나누는 방법에는 여러 가지가 있으나, 발달 과정 측면에서 일단 세 가지로 나눠본다. 본능적 부분을 다루는 피질하 영역subcortical area, 운동이나 감각을 담당하는 피질sensory/motor cortex, 조직하고 연결해서 사고하는 연합피질association cortex이다. 먼저, 호흡을 조절하거나 공포에 대한 반응을 조절하는 부분은 동물이나 사람이나 비슷하게 발달하므로 별 차이가 없다. 아기들도 무서움을 느끼고, 뜨거운 것을 만지면 그게 무엇인지 몰라도 일단 손을 뗀다. 생존과 밀접하게 관련이 있기에 가장 먼저 발달한다.

그다음으로 운동 및 감각피질이 발달한다. 이 부분의 크기는 동물별로도 좀 차이가 있어서 파충류보다는 나중에 등장한 포유류에서 훨씬 크다. 어린아이들의 시력이나 운동 능력은 당연히 어른들보다 못하며 서서히 발달한다. 피질하 영역보다는 늦게 완성되는 운동 및 감각피질은 맨 나중에 발달하는 연합피질보다는 빨리 전성기를 맞는다. 좀 더 인간답고 인간만이 갖는 부분일수록 늦게 발달한다.

동물과 구분되는 인간다움을 결정하는 것이 바로 연합피질이다. 연합피질의 크기를 보면 쥐보다는 원숭이가 크고, 원숭이보다는 사람이 크다. 사람은 뇌 자체도 크지만, 연합피질이 운동 및 감각피질보다 훨씬 큰 것이 특징이다. 동물로 태어나서 사람이 되어가는 몇백만 년 동안의 진화가 우리 몸 안에서도 수년 안에 일어난다. 그래서 청소년기까지의 발달은 인생의 어느 시기보다도 더 결정적인 것이다.

연합피질 중에서도 특히 더 늦게 발달하는 전두엽은 스물다섯 살이 되어서야 신경세포의 연결이 안정화된다. 굳이 그 의미가 무엇인지 뇌과학에 대해 전부 이해하지 않아도 된다. 행동을 통제하고 조절하는 부분인 전두엽이 주민등록증을 받은 후에도 계속 발달한다는 사실이 중요하다. 스물다섯 살 이하 운전자는 실제로 자동차 보험료가 굉장히 높게 책정된다. 교통사고를 일으킬 확률이 그만큼 높다는 전제하에 책정된 것이다. 운전 경력이 짧아서 그렇지 않을까 의문을 가질 수도 있으나, 운전 경력이 같을 때도 20대 초반의 운전자는 40대 운전자에 비해 사고를 더 많이 낸다.

전두엽이 아직 다 자라지 않은 상태에서 게임이나 도박, 술, 마약 등을 접하게 되면 나중에 중독에 빠지기 쉽다. 거의 완성된 상태에서 후퇴하는 것이 아니라, 발달 자체가 잘 이루어지지 않은 탓에 치료하기는 더 어려워진다. 설령 40대쯤 되어서야 중독이라고 진단할 만큼 심각한 상태에 빠졌더라도 술, 도박 등을 처음 접한 때는 스물다섯 살 이전인 경우가 대부분이다.

아이러니하게도 인간다움을 만드는 전두엽이 물리적 성장을 거의 하지 않는 스물다섯 살이 되자마자 몸의 노화가 시작된다. 기본적인 정보처리기술에 해당하는 유동지능fluid intelligence은 20대부터 나빠진다. 처음 만난 사람의 전화번호를 단 몇 초라도 기억할 수 있는 작업 기억working memory은 굉장히 젊은 나이부터 안 좋아지기 시작한다. 뇌는 쓸수록 좋아지지만 요즘에는 스마트폰의 편리한 기능으로 인해 더 빨리 떨어지지 않을까 싶다.

노래 가사도 중년이 되면 더 못 외운다. 유동지능에 속하는 요소 중에 기억력 다음으로 중요한 속도 또한 비교적 일찍 내리막길을 걷는다. 컴퓨터로 쉽게 검사할 수 있는 주의력도 20대부터 떨어진다. 주의력은 전두엽이 주로 관장하는데, 전두엽이 늦게 완성된다고 해놓고 이렇다면 참 억울한 일이다. 복잡해질수록 나이에 따른 차이가 확연히 드러난다. 1) 숫자가 여러 개 지나가고 3이 나올 때만 버튼을 누르기 같은 단순 과제와 2) 숫자 3과 그 뒤를 이어 5가 나올 때만 버튼을 누르는 조금 더 복잡한 과제가 있을 경우 2)의 과제를 수행했을 때 나이의 영향을 더 많이 받는다.

리즈 시절은 너무나 짧다. 우리 뇌와 몸이 20대까지 발달해서 최고의 전성기를 누리다가 노인이 될 때쯤 노화한다는 믿음은 틀렸다. 20대 중반부터 뇌를 포함한 신체 기능은 노화한다. 너무 천천히 변화해서 처음부터 스스로 느끼지 못할 뿐이다. 피부 탄력이 떨어지고 뱃살이 찌는 등 외모의 매력이 감소하는 것, 생식 능력의 저하가 시작되는 것도 스물다섯 살 무렵이다. 비싼 화장품을 쓴다고 예방될지 모르지만, 20대부터 관리해줘야 한다는 광고는 그 부분만 놓고 보면 사실이다.

한편 어휘, 상식, 언어 이해력과 같은 결정지능crystallized intelligence은 나이가 들어도 거의 일정하게 유지된다. 창의력은 30~40대에 가장 발달하는데, 쉰 살 이후에도 크게 떨어지지 않는다. 경험과 시각 자극 등을 통해 발전하고, 과정을 예측하는 능력을 포함하기 때문이다. 직장생활, 가정생활, 여가 활동에서 끊임없이 배우고 경험한 부분을 반영하는 기능은 중년기에 오히려 절정을 이루기도 한다.

쉰 살 전후에 절정을 이루는 뇌 기능도 있다. 귀납적 추론과 공간 지각력은 중년에 가장 많이 발달한다(모든 연구에서 그렇다는 것은 아니다). 실제적 문제를 해결하는 능력은 특히 중년에서 최고다. 이를테면 딜레마 앞에서의 판단력 같은 것이다. 천장에서 물이 샐 때 집주인이 수리를 해주지 않거나, 눈길에 차가 고장 난 상황에서 중년은 청년에 비해 좀 더 장기적인 안목으로 판단한다. 비행 시뮬레

이션 연구에서 50대의 파일럿은 20대의 파일럿보다 속도가 느리다. 하지만 위험을 더 정확히 예측해서 미리 대비하는 행동을 취할 수 있다. 몇 수 더 바라볼 수 있는 능력이 키워지는 것이다. 따라서 기억력이나 속도가 예전보다 못하다고 탓하기보다는 인지적 강점으로 인지적 약점을 보완해야 한다. 인지기능상 운동선수는 20대에 하는 편이 좋고, 작전을 짜고 지도하는 감독이나 코치는 중년에 하는 편이 좋다는 것이 참 감사하다. 어른이 되어서 발달의 가능성이 사라지지 않는다는 증거다.

고정관념을 똑바로 바라보는 것이 먼저다

어른이 되면 새로운 뇌세포가 생기지 않는다. 그렇다면 뇌가 더 발달하기 어렵다는 소문이 사실일까? 왜 뇌세포는 죽으면 새롭게 생기지 않을까? 일상적인 환경에서는 다시 생겨도 별 의미가 없기 때문이 아닐까 한다. 다시 생겨봤자 소용없는 까닭에 대해서는 여러 가지 주장이 있다. 먼저, 뇌세포가 아무리 많아도 다 쓰지 않는다는 점이 중요하다. 뇌의 9퍼센트 이하만 쓴다는 믿음은 기능적 자기공명영상functional MRI을 통해 많은 부분 깨져버렸다. 평생을 써도 다 쓰기 어려울 정도의 양이어서 실제로 지금도 1초마다 1개씩 뇌세포가 죽고 있지만, 걔네들(혹은 우리들)이 죽는다고 사는 데 큰 지장이 없다. 두 번째는 뇌세포가 우리의 경험을 간직하고 있다. 그 경험이 어떤 형태로 단백질마다 저장되는 것인지는 아직 잘 모른다. 어쨌든 없어진 세포가 다시 생겨도 쓸모없을 확률이 높다. 환생하더라도 자기 기억과 자기 동일성이 사라지므로 의미 없는 것과 마찬가지다.

뇌세포가 간직한 경험들은 서로 얼개를 만든다. 경험이 늘어날수록 우리는 경험을 연결시키고, 경험에서 얻은 공통적인 교훈을 찾아낸다. 이러한 패턴 인식은 인간 뇌가 가진 강점으로 우리 뇌에서 1 더하기 1은 2이지만, 100 더하기 100은 300이 될 수 있다. 수많은 경험을 통해 우리 뇌는 새로운 결론을 도출한다. 경험을 연결짓는 일은 의식하지 못하는 상태에서 일어나는 경우가 많다. 경험을 통한 규칙을 의식적으로 찾아내려 할 때 오히려 고정관념의 지배를 받기 더 쉽다.

카페를 5년 넘게 운영하신 분은 경험을 통해 알게 되는 것이 많다고 하셨다. 여기에는 내가 바꿀 수 없는 상황에 대한 규칙도 있을 것이다. 날씨를 통제할 수 있는 사람은 아무도 없다. 비 오는 날은 손님들이 따뜻한 음료를 많이 시킨다는 규칙을 얻었다면, 좀 더 많이 준비해둔다는 식의 대비를 할 수 있다. 그러나 경험을 통해 얻은 지식이 많으면 뇌의 유연성이 사라지면서 부작용이 생긴다. 탈색한 아르바이트생은 빨리 그만둔다는 규칙을 어느 순간 인식했더니, 그 다음부터는 사람을 뽑기가 어려워졌다고 한다. 탈색한 사람을 뽑으면 빨리 그만둘까 불안하고, 안 뽑으면 괜한 편견인가 싶어 불안했다. 탈색과 빨리 그만두는 것에는 딱히 연관성이 없지만, 관련이 없다는 증거도 없다.

나는 이제까지 급여를 지급한 기록이 있을 테니, 그 생각이 맞는지 확인해보라고 했다. 그랬더니 탈색했다고 해서 빨리 그만둔 것이 아님이 밝혀졌다. 내 예상과 일치했던 '역시 그렇지'라는 확인으로 더 오랫동안 기억했던 것이다. 뇌세포가 저장한 경험이 늘 옳은 정보를 주는 것은 아니다. 내 예상과 다른 일이 일어났을 때보다 내 예상대로 되어가면 더욱 오래 기억한다.

의식적인 수준의 판단보다 더 도움이 되는 것은 나도 모르는 사이 경험을 연결 지어 내린 결론이다. 카페 사장님은 안 좋은 표정으로 들어온 사람에게는 자신도 모르게 더 밝게 웃으면서 이야기하게 된다고 한다. 평소에 '표정이 안 좋은 사람에게는 친절하게 대해야지'라고 인식하는 것은 아니다. 나도 모르는 사이 경험을 활용하는 예를 찾아보자고 했더니, 이런 예를 떠올렸을 뿐이다.

사실 안 좋은 표정이라는 것은 굉장히 모호하다. 표정이 안 좋아 보여도 예민한 상태가 아닐 수 있다. 하지만 친절하게 대한다고 해서 손해를 보는 것은 아니지 않은가. "지금 표정 안 좋은 것도 아닌데, 왜 이렇게 친절하게 대하세요? 저를 잘못 보셔서 기분이 나쁘군요"라고 말하는 사람은 없다. 이런 대처는 탈색한 사람은 빨리 그만둔다고 판단을 내리는 것과는 조금 다른 과정이다. 실제로 편도처럼 본능을 담당하는 뇌 부위나 해마처럼 기억을 오래 저장하는 부위가 작동하기 때문이다.

편견이 아예 없을 수는 없으므로 꼼꼼하게 판단해서 새로운 결론을 내는 것이 필요하다. 본능적으로 빠르게 대처하는 일에서는 결론이 설령 잘못되었다 하더라도 수정할 수 없으며, 그럴 필요도 없다. 급하게 끼어드는 택시를 보고 내 차선 안에서 약간 옆으로 피한다거나, 다이어트 중에 먹음직스러운 디저트에 손이 가는 것처럼 말이다.

나이가 들수록 경험의 연결이 많아지기에 고정관념도 쉽게 생긴다. 이는 뇌세포가 얼마나 많은지의 문제가 아니라 얼마나 잘 연결되었는지, 즉 시냅스의 문제다. 고정관념이 꼭 나쁜 것만은 아니다. 때로는 좀 더 안전하게 스스로를 보호할 수 있는 판단의 밑거름이 되기도 한다. 다만 우리 뇌가 늘 옳은 일을 하는 것은 아니다 보니, 고정관념을 똑바로 바라보는 것이 먼저다. 이때 기록은 중요하다. 카페 사장님의 급여 지급 내역처럼 기록이 남아 있다면 다행이다. SNS에 '오늘은 왠지 우울한 날'이라고 한 줄 써서 공감 버튼으로 위로를 받는다면 그날 왜 우울했는지 잊어버린 채 똑같은 실수를 반복하게 된다. 30대 이상이 되면 이런 증상은 더욱 심해진다.

기분이 안 좋았다면 무슨 일로 안 좋은지 데이터를 만드는 편이 스스로를 돌아보는 데 도움이 된다. 기억은 훨씬 자주 왜곡되고, 이따금 사라져버린다. 젊을 때는 감정의 파도가, 나이가 들면 기억에 이미 물들어버린 뇌세포가 범인인 경우가 많다. 경험이 쌓이고 나만의 데이터를 지닌다는 것은 나이 듦의 희망이다.

정말 발달을 '못' 하는 것일까?

어른의 발달이 아이의 발달과 다른 점 중 하나는 발달을 못 해서가 아니라 일부러 발달하지 않는 경우도 있다는 점이다. 어른이 되어 봤자 좋을 것이 별로 없어 보인다. 어려서 그렇다는 변명이 더는 통하지 않는다. 앞으로 책임져야 할 미래는 두렵다. 법적으로는 어른이지만, 아직 마음의 준비가 되지 않은 20대 초반에 특히 그런 혼란을 심하게 느낀다.

성민 씨는 고등학교 졸업 후 정비소에서 근무를 시작했다. 일이 생각보다 고되고, 조금이라도 실수하면 안 된다는 생각에 너무 힘들었다. 정비소에서 가장 어린 성민 씨에게 가르쳐주는 사람보다는 야단치고 윽박지르는 사람이 많았다. 성민 씨는 정신과에서 대인공포증을 진단받았다. 그러나 의사가 상담 시간에 매번 똑같은 소리만 하고 약만 추가하니 별로 와닿지 않았다. 더 이상 상담은 받지 않기로 결심하고, 집 안에서 하루 종일 RPG게임만 하면서 지냈다. 게임을 오래할수록 엄마의 잔소리가 심해졌다. "엄마, 나 대인공포증인 거 몰라? 어차피 치료도 안 되잖아. 그럼 엄마가 치료해보든가!" 라며 맞받아쳤다. 게임 세계에서는 레벨도 높고, 사람들이 인정해주니 마음이 편했다. 다시 정비 일을 하기는 싫다. 아르바이트는 힘들고, 이제 와 대학을 가는 것은 애매하다. 학교에 가서 밥 먹고 수업 시간에 졸다가 집에 오면 되는 시절이 차라리 그립다.

성민 씨처럼 게임이나 SNS에 과도하게 몰두하면서 책임에서 도피하는 경우도 있다. 물론 대인공포증(사회불안장애)이나 공황장애로 사회생활을 못 하기도 한다. 하지만 낫는 것이 두려워 적극적으로 치료받지 않고 가만히 내버려둔다. 증상으로 받는 고통보다 나아서 받는 고통이 더 크기 때문이다. 어른 역할을 맡기 싫어서 병으로 도피하는 것이다. 꾀병처럼 일부러 그런 증상을 만들어내는 것이 아니라, 책임을 피하고 싶은 바람에 실제로 증상이 더 심해진다.

군 입대 직전에 정신과를 찾는다고 꾀병은 아니다. 그러나 병이 나으면 입대해야 한다는 두려움이 회복을 막는 것은 사실이다. 군대, 취업 준비 등 여러 가지 어려운 일을 겪으면서 20대에 맞닥뜨려야 하는 진짜 문제를 피하기도 한다.

민수 씨는 군대를 간다는 핑계로 입대하기 8개월 전부터 휴학을 했다. 군대를 다녀와서 몇 개월 쉬다가 어학연수를 가야 한다며 뉴질랜드에 1년간 다녀왔다. 아버지가 늘 "우리 때는 대학으로 쳐주지도 않았다"라고 말하는 대학에 입학하는 것도 쉬운 일은 아니었다. 선배들이 취업 준비를 그렇게 열심히 하는 데도 떨어지는 것을 보니, 더더욱 뛰어들 용기가 나지 않는다. 복학이 두렵다.
2년간 취업하지 못한 지은 씨는 여러 곳에 원서를 넣는 일에 지쳤다. 공무원 시험을 준비하겠다고 부모님께 말씀드리고 매일 집에서 나온다. 혹시나 하며 기대하면서도 어쩐지 결과를 알고 있는 듯한 느낌이 든다.

성민 씨, 민수 씨, 지은 씨의 현실은 청년들이 맞닥뜨린 현재다. 20대가 끝날 때까지도 자립하는 것은 너무나 어렵다. 취업이 어려운 현실과 과도한 경쟁 사회도 한몫하겠지만, 진짜 꿈이 없는 것이 문제다. 그렇다고 요즘 청년들이 나태하다고 할 수는 없다. 꿈꾸는 법을 배우지 못한 것은 이전 세대가 만들어놓은 교육 터전 탓도 있으니까. 대학 진학, 취업, 결혼 모두 전보다 어려워졌는데, 내가 그랬다는 이유로 '세면대 없는 단칸방에서 시작해도 괜찮다'라고 말할 수는 없는 노릇이다. 못 하느니 안 하는 것이 남들 보기에도 나을 것 같아 차라리 안 하는 쪽을 택하는 사람이 많을지도 모른다. 특별히 게으르거나 과도하게 남들을 신경 쓰는 사람들 이야기가 아니다. 앞으로 점점 더 많은 평범한 어른들이 청소년기에 남아 있으려고 할 것이며, '어른'이라는 단어 자체가 더 높은 연령을 지칭하는 말로 쓰이게 될 것이다.

중·고등학생 때는 진짜 하고 싶은 일이 무엇인지 몰라서 무기력해지는 데 반해, 어른은 하고 싶은 일을 현실적으로 이루기 힘들다고 느껴서 좌절을 느낀다. 이런 사람에게 "꿈을 가져"라고 말하는 것은 의미 없다. 이미 내 수저, 내 길은 정해졌다는 생각이 나아가지 못하도록 붙잡는다. 그러나 내가 가진 조건을 모두 뛰어넘을 수 있는 세상이 될 가능성은 희박하다. 사람뿐만 아니라 인공지능까지 경쟁자가 되어버린 세상에서 앞으로 어떻게 살아야 할지 현재를 즐기고 있는 사람도, 그렇지 못한 사람도 막막하기는 매한가지다.

여든 살의 노인은 마흔 살에 충분히 삶을 바꿀 수 있었다고 이야기한다. 한편으로는 마흔 살에 '앞으로도 이렇게 살겠지' 또는 '인생 별거 있겠어'라고 생각했음을 인정하면서 말이다. 정신과 의사로 성공하신 80대의 이시형 선생님도 이렇게 오래 살 줄 알았다면 다르게 살았을 것이라는 말씀을 자주 하신다. 스무 살은 어떻겠는가. 내가 잘못 왔다고 생각하면 과감히 뒤집을 수 있고, 그게 어렵다면 나중을 기약하며 준비할 수 있는 나이이다. 발레나 프로 야구처럼 20대에 새롭게 시작하기 어려운 분야도 있지만 극히 일부다. 아직도 많은 20대가 문과를 나와서 이과 성향의 직업을 택하기 어렵다고 한다. 작곡을 하기에는 늦었다고 한다. 세상일에 대해서 진보적이더라도 내 삶에 대해서 보수적이라면 남이 바꿔주기를 기다린다는 뜻으로 해석할 수밖에 없다. 어른이 되어서 변화하지 않을 핑계는 널려 있다.

PART 2.

무엇이 진짜 어른이 되는 것을 가로막을까?

계속 자라는 어른이 되는 것을 가로막는 장애물이 있다.
사람이나 중독되기 쉬운 것에 의존하고, 분노나 트라우마와 같은 내 안에서
일어나는 일을 조절하지 못하는 등 그 종류도 다양하다.
이런 장애물을 치우기가 쉬웠다면 진작 치웠겠지만, 쉽지 않으니까 치우지 못한 것이다.
장애물을 치우기 위해 어떻게 해야 할지 함께 고민해보고 싶었다.

사람에 의존하는 것이 왜 문제일까?

왜 어떤 사람들은 독립적일까?

아이들은 부모에게 의존하는 것이 당연하다. 하지만 어른이 되면 독립과 의존 사이에서 고민이 시작된다. 어린 시절 양육자와 만들어가는 친밀한 관계를 애착이라고 하며, 관계를 어떻게 맺느냐에 따라 애착 유형이 결정된다. 애착은 단순히 부모와 자녀의 관계처럼 생각할 수 있는데, 성인 애착은 부모 또는 다른 양육자와의 관계에서 맺어진 어떤 패턴이 다른 사람들과의 관계에 영향을 미친다는 점에서 중요하다.

태어나서 만 36개월까지가 부모와 아이의 애착 형성에 가장 중요한 시기라는 것은 상식처럼 되어버렸다. 많은 엄마가 18개월에 어린이집을 보낸 것을 후회하고, 출산 휴가 직후 두 달 만에 일터로 복귀한 자기 잘못이라며 눈물을 흘린다. 생애 초기 6년이 마법의 시간이라고 해서 인생을 바꿀 수 있는 시기라는 주장도 있다. 그러나 애착이 마치 모든 인간관계를 결정하는 것은 아니다. 100여 년 전만 해도 아이를 안아주는 것은 올바른 양육이 아니라는 주장이 있었음을 감안하자. 사람들 대부분이 그 말을 믿었다는 것을 고려하면 올바른 애착 형성을 위한 노력이 필요하다.

어른이 되어서도 부모와의 관계에 영향을 받기에 성인 애착이 많은 정신건강 문제에 영향을 미친다고 한다. 이러한 성인 애착은 크게 네 가지 유형으로 분류한다.

안정형: 부모와 안정적인 애착을 형성하는 것으로, 완벽한 상태를 의미하는 것은 아니다. 절반이 넘는 사람들이 안정형에 해당된다. 애착에 문제가 있다고 느끼는 사람조차 실은 안정형일 가능성이 크다. 인간관계에서 융통성이 있으며, 비교적 쉽게 다른 사람들과 정서적으로 가까워지는 편이다. 상황에 따라 다른 사람들에게 의지하든, 반대로 다른 사람들이 나에게 의지하든 크게 불편함을 느끼지 않는다. 혼자 지내거나 남들이 자신을 받아들이지 않는다고 해서 걱정하지도 않는다. 그렇다고 관계에 대한 욕구가 없는 것은

아니다. 다른 사람들이 잘 이해해줄 것이라고 믿는 등 사람에 대한 신뢰가 바탕에 깔려 있다.

아기는 배고파도 울고, 아파도 울고, 감정 표현을 넘어서 요구를 전달하기 위해 운다. 아기가 우는 것은 어른의 눈물과는 달리 광범위한 언어이기 때문에 아기의 울음에 비교해보자. 안정형은 내가 울면 누군가 위로해주고 어려움은 곧 해결될 것이라는 믿음에서 시작한다. 옛날 일을 좋게만 기억한다고 해서 안정 애착은 아니다. 힘든 기억이나 부모가 잘못한 점에 대해서도 잘 정리해서 말할 수 있어야 더 좋다. 부모를 무조건적으로 비난하거나 찬양하기보다는 나와 어떤 점이 맞지 않았다는 식으로 과거를 조화롭게 이야기한다. "우리 엄마는 성적에 굉장히 집착했어. 내가 잘되라고 그런 것은 알지만, 나는 우리 애한테 그렇게 하고 싶지 않아"라며 부모에 대한 서운함을 비친다고 해서 안정형을 벗어났다고 할 수 없다.

집착형: 감정의 색깔이 분명하고 표현이 과도한 편이라서 다른 사람들과 초반에는 쉽게 관계를 맺는다. 그러나 한번 맺은 관계에 대해 안정감을 느끼지 못하고 갈등을 겪는다. 관계에 매달리고 몰두하는 경우가 많다. 부모가 약해서 부모 역할을 제대로 하지 못했거나 자기 화풀이를 했다면, 혹은 죄책감을 느끼게 하는 말이나 비판을 지속적으로 했다면 집착형이 될 수 있다.

상대방이 떠나가거나 멀어지는 상황에 대해서 두려움을 갖고 있다. 다른 사람들과 가까워지기를 원하지만, 다른 사람들은 내가 원하는 것보다 덜 친한 것처럼 느낀다. '나만 저 사람과 가깝다고 생각하는 것은 아닐까?' 하는 고민을 많이 한다. 자신이 남들을 소중하게 생각하는 만큼 남들이 자신을 소중하게 생각하지 않을까 봐 염려스럽다. 혼자 있으면 불안을 느낄 때가 많으며, 반드시 누군가와 친밀한 관계를 맺어야 안심이 된다.

부모가 요구를 잘 들어주지 않았을 때 더 크게 울면서 악을 쓰는 아이들이 있다. 집착형은 그런 표현 방식이 어른이 될 때까지 남아 있다. 강렬하게 표현해야 내 뜻이 상대방에게 전달될 것만 같기에 짜증이나 화를 자주 낸다. 어린 시절을 이야기할 때 감정 이입을 심하게 해서 마치 그 시절로 돌아간 것처럼 묘사하는 경향이 있으며, 스스로도 혼란스러움을 느낀다. 경험이 잘 정리되어 있지 않다.

무시형: 어린 시절 부모와 접촉이 없었거나, 간섭이 지나치게 심한 부모로 인해 생길 수 있는 유형. 무시형은 정서적 관계를 맺지 않고 지내는 것이 편안하다. 독립심과 자기 충족감을 느끼는 것을 중요하게 생각하는 장점이 있는 반면에, 남들에게 의지하거나 남들이 나에게 의지하는 것을 좋아하지 않는다. 무시형 중에서도 일부 두려움을 회피하려는 욕구가 훨씬 큰 사람들은 다른 사람과의 관계

에서 무관심과 정서적 거리감을 느꼈을 때 상당한 심리적 고통을 겪는다. 이런 고통을 피하려고 과도하게 자기를 보호한다. 남들과 가까워지면 상처를 받을까 봐 지레 걱정이다.

무시형은 부모가 요구를 잘 들어주지 않았을 때 집착형처럼 더 크게 울어버리는 방식이 아니라, 울지 않아버리는 방식을 택한 것이다. 나중에는 아예 인간관계에서 일정 부분을 포기해버린다. 갈등이 생기면 어차피 해결되지 않을 텐데 뭣하러 힘을 빼고 노력하나 싶은 생각도 있다. 어린 시절을 이야기할 때 구체적인 경험이나 그 경험에 따른 감정을 제대로 표현하지 못한다. 긍정적인 듯 보이지만, 막상 그 까닭을 물어보면 잘 모르겠다고 하는 경우가 많다.

미해결형: 정서적으로 가장 힘들게 성장한 유형. 어릴 적 심한 학대를 경험했거나 부모가 중독자, 또는 중요한 사람을 잃은 경우가 많다. 인간관계에서 혼란을 자주 느낀다. 가까운 관계에서 안정감을 느끼지 못한다. 미해결형에 해당되는 경우는 극히 드물며, 대부분 다른 정신건강 문제를 지니고 있다.

한 가지 애착 유형을 규정짓고 꼬리표를 붙일 필요는 없다. 혈액형처럼 딱 한 가지 유형에 속하는 것이 아니기 때문이다. 80퍼센트는 안정형 애착으로 살아가지만, 20퍼센트는 무시형 애착의 행동을 취할 수 있다. 특정한 상황에서만 불안정 애착의 모습을 보일 수도 있다. 안정 또는 불안정(집착, 무시, 미해결)으로 잘라 나누기보다는 앞서 언급한 스펙트럼의 개념에서 고민해봐야 한다. 원래 '당신은 무슨 타입이다'라고 답을 얻어야 시원하겠지만. 그럼에도 애착 유형을 설명한 까닭은 내가 어떤 사람에게 의존하는지 알 수 있기 때문이다. 예를 들어 나는 부모와의 관계에서는 ○○유형의 애착을 보이는 데 반해, 20대 이후 만난 친구와의 관계에서는 ○○유형의 애착을 주로 보인다.

불안정 애착 중의 한 가지 유형에 확실히 속한다고 해도 너무 절망할 필요 없다. 나라는 사람이 어떤 유형인지 아는 것보다 '나와 애인의 관계는?', '나와 친구A의 관계는?', '나와 엄마의 관계는?' 이런 식으로 애착 유형이 사람에 따라 변하는지 탐색하는 게 앞일을 위해서 유용하다. 가족이나 친구들 대부분과는 안정 애착을 따르는데, 지금 만나는 사람과는 자꾸 불안정 애착을 맺는다면 뭔가 나와 맞지 않는 부분이 있을 가능성이 크다.

애착 유형을 알아보는 것은 선입견을 갖기 위함이 아니다. 어릴 적 부모와의 경험을 통해 내 몸과 마음에 밴 습관이 있음을 인정하는 것이다. 부모님이 이랬다저랬다 하면서 자기 기분이 좋으면 잘해주고, 자기 기분이 나쁘면 조그만 것에도 화를 내는 모습을 보였다면 집착형이 될 확률은 높다. 그러나 부모가 왜 그랬는지 이해하고 어른이 된 지금 다른 사람들과의 관계에서 같은 일을 반복하지 않는다면 집착형이라고 할 수 없다. 확률이 높다는 것일 뿐 그런 부모 아래서 자랐다고 모두 그런 사람이 되는 것은 아니다. 안정 애착을 형성할 수 있는 부모 아래서 자랄 수 있었다면 참 좋았을 것이다. 그렇다고 끝까지 행복하게 잘 사는 것은 아니다. 애착 유형이 평생 변하지 않는 사람은 절반 이하에 불과하다.

애착은 생애 초기에 결정되지 않는다

인생의 언제부터 기억할 수 있을까? 이렇게 질문했을 때 사람들 대부분은 대여섯 살 때라고 말한다. 그 전의 일을 기억하는 사람은 큰 충격을 받아 마음의 트라우마가 있거나, 어른들의 이야기를 듣고 기억을 재구성했을 가능성이 크다. 기억이 거의 없을 것 같은 아기 시절에 심한 학대를 받으면 우리 몸의 알람이 비정상적으로 커지고 예민해져서 쉽게 놀라는 것은 사실이다. 소중한 사람과 억지로 떨어졌을 때 그 충격이 몸에 저장되기도 해서 다른 사람에게 버림받는 것을 두려워하기도 한다. 말로 자세히 설명하는 서술 기억declarative memory과 몸이 기억하는 내현 기억implicit memory은 다르다.

두 가지 형태의 기억 모두 우리 삶에 커다란 영향을 미친다. 내현 기억은 자전거를 오랫동안 타지 않다가도 다시 타라고 하면 탈 수 있는 기억이다. 그렇다고 자전거 타는 방법에 대해 누군가 묻는다면 바로 설명하기 어렵다. 살다 보면 그냥 왠지 싫거나 이유 없이 좋은 사람이 있는데, 아주 어린 시절 몸의 기억을 반영한 것인지도 모른다.

어린 시절의 기억만 중요한 것은 결코 아니다. 어른이 되어도 몸의 기억이 새로 생긴다. 다만 우리가 의식하면서 명확하게 기억하는 부분(이를테면 친구랑 술을 마셨다, 팀장이 불러서 혼냈다)이 상대적으로 많아질 뿐이다. 즉, 어른이 되어서 형성하는 시냅스도 내현 기억을 만든다. '생애 초기는 무의식이나 내현 기억을 형성하는 중요한 시기다'라는 말에 현혹될 필요 없다. '생애 초기는 무의식과 내현 기억으로만 채워져 있다. 하지만 어른이 되면 무의식과 내현 기억뿐 아니라 명시적 기억도 발달해서 의사 결정하는 데 관여를 많이 한다'가 맞다.

너무 어렵다면 한 가지만 기억해도 된다. 어린 시절에 인생이 결정되는 것은 아니다. 애착, 무의식, 생애 초기 발달의 신화를 버리는 편이 어린 시절에 행복했던 사람과 불행했던 사람 모두에게 도움이 된다. 우리에게는 어떤 지식이 도움이 되느냐보다 무엇이 진실이냐가 더 중요하다. 발달의 속도가 인생의 어느 때보다 빠른 시기인 데다 몸의 기억이 많이 생기는 시기이므로 어린 시절은 중요하다. 그러나 마법의 시간 6년이 마치 내 인생의 60년을 결정하는 것처럼 생각하지 않았으면 한다. 옛날에는 아이를 애정을 주지 않고 엄격하게 키워야만 되는 것으로 인식한 탓에 거기에 반대하는 이론으로서 어린 시절의 중요성에 대해 강조한 것이다. 해리 할로우 Harry Harlow의 원숭이 실험을 통해 인간에게 먹고사는 문제만 중요한 것이 아니라, 애정과 포근함을 주는 대상을 찾아 관계를 형성하려는 욕구가 있음을 알게 되면서 애착이라는 용어가 등장했다. 생애 초기는 중요하지만, 생애 초기만 중요한 것은 결코 아니다. 땅만 좋다고 해서 좋은 과일을 수확할 수 없다. 날씨도 중요하고, 햇볕도 중요하다. 더욱이 우리 인생은 과일이 한 번 열리는 1년 주기를 따른다기보다는 여러 번의 열매를 맺는 나무와 같다.

안정적인 어린 시절을 보냈다고 해서 마냥 안심할 수 없다. 만 36개월까지 양육자가 바뀌지 않은 채 매일 엄마가 잠을 재우고, 울 때마다 빨리 달려가서 필요한 것을 해결해주었다. 그런데 초등학생 때 배우고 싶은 것을 배우지 못하게 하고, 볼 때마다 공부하라는 잔소리를 하며 들들 볶는다면 부모와의 관계가 좋을 수 있을까? 어린 시절에 형성된 안정 애착을 통해 엄마의 말을 모두 신뢰할 수 있을까? 사람들이 늘 나에게 기대하고 요구한다고 생각해서 관계를 맺는 것이 힘들 수도 있다. 내 의사는 존중받기 어려우니 그냥 욕구를 표현하지 않는 회피형 애착으로 바뀔 수도 있다.

만 36개월까지는 양육자가 바뀌지 않으면 좋다. 그러나 거기에 너무 얽매여서 일하는 엄마들이 죄책감을 가질 필요는 없다. 늘 이상적인 환경에서 평생 살 수 없는 것과 마찬가지다. 공기도 깨끗하고, 교통도 편리하며, 각종 문화시설이 갖춰진 곳에 살 수 있으면 좋다. 안타깝게도 그러기는 쉽지 않다.

나는 대학병원에 임상강사로 근무하던 시절에 첫째를 낳았다. 출산한 지 3개월째부터 일을 다시 시작했다. 진짜 그때는 내 욕심 탓이라는 것도 모른 채 밤 10시까지 일을 하면서 지냈다. 그래서 애착 이야기가 나오면 잘못된 선택을 한 것 같아 후회스러웠다. 아이와 엄마의 관계에서 내 일을 선택한 만큼 분명 놓친 부분이 있겠지만, 영원히 놓쳤다고 생각하지는 않는다. 그 시절 내가 곁에 있지 못한 것보다 지금 숙제하라고 소리치거나, 남편과 싸우는 모습을 보이는 것이 훨씬 나쁘다고 본다. 삶의 모든 시간은 소중하다. 성인 애착 유형도 어떤 사건이나 좋은 관계로 인해 충분히 바뀔 수 있다.

간섭은 하지 말고
결제는 해줘

앞으로 부모에게 경제적 지원을 요구하면서 완전한 독립을 하지 못하는 경우가 점점 늘어날 것이다. 자본주의 사회에서 돈이 전부는 아니지만, 돈과 독립은 밀접한 관련이 있다. 엄마와 같이 살던 집에서 박차고 나온 아들이나 알코올 중독인 아버지와 연락을 끊기로 결심한 딸이 있다면, 이들의 독립에서 중요한 요소는 '경제적 자립'이다. 경제적으로는 의존하고 싶으면서 심리적으로는 독립하고 싶다면 모순과 갈등이 발생할 수 있다. 젊은 자녀는 교육을 다 받은 후에 추가적인 부분을 바랄 때 반드시 이 부분을 염두에 두어야 한다.

부모에게 경제적 지원은 바라면서 성인이니까 내 뜻을 존중해달라는 것은 어떻게 보면 모순이다. 물론 부모가 인생의 큰 결정을 좌지우지해도 괜찮다는 뜻은 아니다. 취업 준비를 하는 중에 부모가 용돈을 주니까 부모가 원하는 직장을 택해야 할까? 이는 양쪽의 합의점을 찾기가 굉장히 어려운 문제다. 다만 어른이 되어 부모의 경제적인 지원을 당연시하는 태도는 나중에 부모의 간섭을 유도할 수 있다. 원가정, 즉 태어나 부모와 함께 꾸리는 가정을 떠나 결혼으로 새로운 가정을 꾸릴 때 집을 마련해주는 문제가 그렇다.

집을 마련해주는 것은 당연하면서 결혼식에 부모님의 친구는 초대하지 않은 채 서양식으로 하루 종일 파티를 하고 싶다는 것은 어쩌면 모순이다. 우리나라 결혼 과정의 허례허식이 바뀌기 어려운 까닭은 경제적 양극화 속에서 남들보다 여유 있게 출발하기 위해 부모의 도움을 받고 싶은 젊은 사람들의 마음이 더 크기 때문일 수 있다. 전통적인 부모의 의무를 요구하지 않을 때 적어도 형식에서 벗어난 시도가 더 설득력을 갖지 않을까? 나도 현실에 떠밀려서 꿈꾸던 대로 독립적인 결혼을 하지는 못했다. 예물과 사진 촬영을 생략하고 우리가 모은 돈으로 단칸방에서 시작하는 등 바꿀 수 있는 부분은 바꿨다. 그러나 눈치가 보여 어르신들께 보낼 이불, 그릇, 돈봉투 같은 것을 준비했다. 상대방이 기대하는 부분을 실망시킬까 봐 두려웠다.

5년째 하는 노인 우울증 집단치료에서 집단마다 나오는 이야기가 내가 해준 것에 대한 보답을 받지 못하는 문제다. 어르신들은 해줄 수 있으면 전세금이든 집이든 자식에게 당연히 해줘야 한다고 입을 모은다. 그리고 해주지 못한 것에 대해 죄책감을 갖는다. 조금이라도 더 해주고 싶은 것이 부모 마음이다. 하지만 막상 "아무리 부모 자식 관계라고 해도 해준 만큼의 보답이 없을 때 정말로 괜찮으신가요?"라고 여쭤보면 자신 있게 괜찮다는 어르신은 아무도 없었다. 잠을 못 자면서 아이에게 젖을 먹이거나, 내가 춥게 자도 아이에게 이불을 덮어주던 시기와는 다르다. 어른은 어른에게 기대하고 보답을 바라게 되어 있다.

경제적 지원에 대한 부모의 의무감은 아들과 딸에 차이가 있었다. '옛날 어르신'이 아니라 나름 '요즘 어르신'이라서 아들에게 더 주고 싶은 마음을 드러내지는 않았다고 이야기한다. 뭔가 아들에게는 의무와 부담을 훨씬 많이들 갖고 계셨다. 우리나라의 고부 갈등은 여기서 출발하는 것이 아닐까 싶었다. 시작부터 불평등이 문제다. 형편대로 하거나 반반씩 하는 것이 맞는데, 왜 집을 마련해주고 혼수와 봉사를 바라는 것인지. 그 출발이 향후 몇십 년을 결정한다. 며느리에게 거처를 마련해주고 돈을 받는 것은 옛날에 노예를 들일 때의 풍습과 다를 바 없다. 어르신들에게 이 문제를 제기하면 "어떻게 그래도 그렇게 하냐"라는 대답이 돌아온다. 시간상으로 '옛날부터 지금까지', 보편성의 의미에서 '다들'이라고 하면 사실 할 말이 없어진다.

심지어 남자 쪽에서 집을 마련한다는 경제적 불평등이 존재하지 않은 집에도 가부장적 문화만은 그대로 남아 있으며, 일부 그것을 당연하게 여기니 문제다. '집 해준 시댁'의 갑질을 '집도 안 해준 시댁'이 모방하니 더 억울한 며느리도 있다. 남자 집안에서 초기 비용을 부담하고 여자는 남자의 집안에 노력과 봉사를 해야 하는 가부장제가 죽지 않는 까닭은 무엇일까? 답은 바로 '효도'였다. 효도라는 것은 원래 자신을 돌봐준 윗세대에게 그 수고와 물질적 지원을 갚으라는 의미가 크다. 받은 것을 모른 척하지 말라는 뜻이다. 주면 잊어버려야 하는데 그게 워낙에 어려우니까 효도를 강조해서 윗세대를 보호하는 것이 아닐까.

결혼 후에도 사업을 한다, 생활이 어렵다, 교육비가 부족하다는 등의 이유로 자녀들이 계속 돈을 요구하는 경우도 많다. 요구를 거부했다가 영영 멀어지기까지 한다. 그런 요구를 들어줘야만 유지되는 관계라면 이내 멀어지는 순간이 온다. 실례로 김가자 씨는 큰 시장에서 당시 잘 없던 파프리카, 샐러리, 알로에 등을 유통하면서 돈을 많이 버신 분이었다. 처음에 아들에게 돈을 쉽게 줬더니 점점 더 요구했다. 애들 셋을 키우기 어렵다고 울며 사정을 해서 돈을 줬는데, 몇 달 후 고급 승용차로 바꿔서 나타난 것을 보고 살면서 가장 큰 충격을 받았다고 한다. 며느리가 그렇게 하라고 부추긴 것 같아서 밉고, 30년이 지난 지금까지도 그날을 떠올리면 가슴이 답답해진다고 한다. 어른이 된 자녀와 부모의 관계에서 경제적 지원은 앞으로의 관계에서 참 중요하다.

인생은 생각보다 길다. 지금은 잘 살아도 언제 어려워질지 모른다. 쌈짓돈이 있어도 결혼한 자녀에게 생활비나 사업 자금을 지원하지 말라는 이야기를 어르신들에게 귀에 못이 박히도록 들었다. 돈을 줬는데 사업이 잘 안되면 속상하다. 사업이 잘되어 나에게 그만큼의 보상이 돌아오지 않아 속상하다. 돈을 줘서 나한테 잘한다고 생각하니 속상하다. 굳이 주고 싶다면 절대 보상을 바라지 않을 정도로만 주어야 할 것 같은데, 어르신들의 말씀을 통해 그 비율을 계산해보면 자산의 10퍼센트 이내다. 지금의 내 거처에 위협을 받지 않을 정도다. 물론 이 부분에 대해 연구된 바는 없다. 너무 자주 그리고 오랫동안 하는 경제적 지원은 심리적 간섭을 불러오고, 결국 자녀 가정의 불화를 야기한다. 자녀 입장에서도 부모에게 자꾸 기대며 혼자 설 수 있는 기회를 스스로 막는 것은 아닌지 생각해보는 것이 필요하다.

어린 시절 아낌없이 지원하던 부모 자녀 관계는 어른이 되면 서로 존중하고 협력하는 관계로 바뀌어야 한다. 경제적 지원에서 어른과 아이의 관계로 남는 것은 교육이 끝날 때까지다(부모와의 의존적 관계 때문에 뜻도 없는 학문의 길을 길게 이어가는 경우도 있다). 인간은 누구나 남의 통제를 받기 싫어한다. 내가 뭘 해주는 것과 뺏기는 것에는 차이가 있다. 온전히 내가 해줬다는 느낌과 최선을 다했다는 마음을 가질 수 있는 투자를 아깝다고 여기는 사람은 거의 없는 것처럼 말이다.

중독을 강요하는 어른의 사회

이제 아무것에도 중독되지 않으면 오히려 이상하다. 요즘 여자아이들은 카카오톡, 남자아이들은 게임을 못하게 하면 왕따를 당한다고 한다. 그래서 무조건 컴퓨터나 스마트폰을 멀리하라고 말하기도 어렵다. 청소년기에는 남들과 섞이지 못하면 또래 집단에서 도태될 것만 같은 불안이 크기 때문이다. 어느 정도 그런 불안이 있기에 자기주장만 하던 아동기와 달리 남들과 맞춰가면서 또래와 관계를 맺는다. 특히 청소년기는 또래에게 강한 영향을 받다 보니 세상 모든 엄마가 "우리 애는 원래 착한데 친구를 잘못 사귀어서"

라고 말한다. 중학교가 제일 중요하다고들 한다.

또래와 집단을 형성하려는 강한 욕구와 도태될 것 같은 불안은 성인기에 들어오면 서서히 정리되어야 한다. 그러나 또래 집단에서 서로를 꼭 붙들던 그 불안을 어른의 사회에서도 유지하려고 한다. 요즘은 덜 해졌다고 해도 대학 신입생이나 신입 사원에게 아직도 술을 '먹이고' 있다. 일부는 실제로 발달이 덜 된 사람일 테고, 일부는 발달 단계에서 그런 심리를 가진다는 사실을 알고는 억지로 술을 먹이는 상황을 재미있어 하며 지켜볼 것이다. 대학생 때 그러는 것은 양반이다. 회식 자리에서 윗사람이 술을 마시면 당연히 아랫사람도 뒤따라 마시는 과정을 통해 '너는 내 아랫사람이다'라는 구조를 굳힌다. '우리나라 사회에서 윗사람이 술을 강요하는 게 당연하다. 하지만 나는 그렇지 않으니 특별히 괜찮은 사람이야'라는 메시지를 심어주며 "편하게 해. 내가 마신다고 마시지 않아도 돼"라고 말하는 사람도 있다.

얼마나 세상이 변해야 술을 마시는 양과 순서로 위계질서를 잡는 문화가 사라지게 될까. 본인들은(우리들은?) 그런 언행이 유치하다는 것을 아는지, 아니면 적어도 굉장히 위험하다는 것을 아는지 모르겠다. 나 역시 그런 분위기에 굴복해서 억지로 술을 마셨다. 마치 그렇게 하지 않으면 사회성이 떨어지는 사람처럼 보일까 봐, 미움을 받을까 봐 두려웠다. 청소년기의 집단심리가 서른이 넘어서 반복되었는데, 거부하지 못하고 싫어하는 술을 마셨다는 것이 참 후회스럽다. 그때는 '이런 것이 너무 싫지만, 목적을 위해 분위기에 따른다. 조금만 견디자'라고 인식하지 못했다. 이왕 이렇게 되었으니 이 순간을 즐기자고 스스로에게 강요했다. 그야말로 내 성향과 기질을 철저히 무시한 셈이다. 돌이켜보면 여러 사람 사이에서 부대끼는 것 자체가 너무나 힘든 기억이다. 또래 불안을 극복하지 못했다. 이런 사회적 중독자는 점점 늘어나고 있다.

술을 마시는 것이 계속되면 당연하게 느껴진다. 처음에는 술 마시는 게 싫었던 사람도 매일 회식하다 보면 술이 더 싫어질 것 같은가? 꼭 그렇지는 않다. 보상회로가 활성화되면 뇌는 알코올이 들어갔을 때의 도파민을 갈구한다. 의무적인 회식이 끝난 뒤에도 사람들과 한잔 더 하러 간다. 회식을 안 하면 오히려 허전하다. 그래서 집에서 식사할 때라도 괜히 반주를 한 잔씩 하게 된다. 처음에는 의무였던 행동이 충동적으로 하는 음주 습관으로 고착되다가 나중에는 하지 않으면 안 될 것 같은 강박이 된다. 이런 문화를 통해 한 사람이 중독에 빠진다. 알코올 중독이라고 하면 가족들도 외면한 채 노숙을 하면서 하루 종일 술에 취한 사람의 모습을 떠올린다. 그러나 그 누구도 처음부터 그렇지는 않았다.

즐기고 좋아한다고 해서 중독이 아니다. 얼마나 마시느냐보다 얼마나 우리 삶을 방해하느냐가 더 중요하다. 한 달에 한 번 술을 마셔도 가족들에게 폭언을 일삼고 폭력을 휘두른다면 나와 남의 삶을 파괴하는 것이다. 조절하기 어렵기 때문이다. 술이 없을 때 내 삶이 어떤지 살펴봐야 한다. 술을 즐길 수는 있다. 하지만 술을 마시지 않아서 사람들과의 관계가 재미없다거나, 허전하고 외롭다거나, 잠을 못 잔다거나, 괜히 짜증이 난다거나 하는 증상이 있다면 알코올 의존에 더 가깝다. 연인 관계에서 너무 많이 사랑한다고 해서 중독이 아니라, 곁에 없을 때 아무것도 할 수 없다면 중독인 것처럼. 함께하지 않을 때 각자의 삶을 살 수 있어야 건강한 관계다. 건강한 관계가 되지 않을 때 그 자리를 비워두는 사람은 없다. 건강하지 않은 관계가 그 자리를 대신한다.

행동에도
중독된다

중독 하면 알코올 중독이나 마약 중독과 같이 굉장히 심각한 상태를 떠올리기 쉽다. 그러나 요즘에는 특정한 물질에 대한 중독뿐 아니라 행위 중독이 늘어나고 있다. 행위 중독에 대해 정확히 진단 기준이 있는 것은 도박 중독밖에 없다. 최근 WHO에서 게임 중독을 새로운 진단명으로 등록하기로 했는데, 그 밖에도 SNS 중독, 일

중독, 운동 중독, 관계 중독 등이 점점 문제시되고 있다. 음식 중독처럼 물질 중독(탄수화물과 같은 물질에 중독)이냐 행위 중독(먹는 행위 자체에 중독)이냐 논란이 있는 경우도 있다. 행위 중독은 물질 중독과 마찬가지로 그 행동을 오랫동안 지속하고 집착하는 것이다. 없으면 힘들고, 스스로 조절하지 못하며, 관계나 일상이 사라지는 과정을 포함한다.

술이나 마약에 중독되면 일시적으로 그리고 오랜 시간에 걸쳐서 뇌가 변하게 된다. 그런데 행위 중독에 빠졌을 때는 뭘 마시거나 먹은 것이 아님에도 똑같이 뇌가 변한다. 통제와 판단을 하는 부위는 약해지고 보상회로만 강해지면 그 상태에서 올바르게 판단하기 어렵다. 《어린 왕자》에 나오는 왕처럼 술에 취한 부끄러움을 잊기 위해 술을 더 마시는 상태가 된다. 중독된 나는 원래의 내가 아니므로 끊을 필요성조차 느끼지 못한다. 행위 중독이 무서운 까닭은 거기서 벗어나고픈 동기를 가지기 어렵기 때문이다.

알코올 중독은 지방간이 심해지거나, 술 냄새가 나서 주변 사람들이 싫어하는 등 티가 확 나면 어쩔 수 없이 끊겠다고 결심한다. 적어도 결심하는 척이라도 한다. 반면에 일상에서 다른 사람들과 관계를 맺는 것이 어렵고 SNS에서만 대화가 가능하더라도 겉으로 티가 나는 것이 아닌 까닭에 조절에 대한 의지를 지닐 기회가 적다. 끊을 이유가 없다.

중독은 짧고 신속한 결과를 기본으로 한다. 카지노 게임 중에서도 중독성 높은 바카라는 1~2분 이내에 결과가 나타난다. 게임에 중독되기는 쉬워도 공부에 중독되기 어려운 것은 이 때문이다. PC방에서 즐겨하는 게임은 20분 안에 승부가 나면서 쾌감을 느끼는데, 공부는 오랫동안 해야 결실이 나오다 보니 중독되기 어렵다. 일부 똑똑한 학원은 문제를 풀고 바로 결과를 얻어서 공부에 대한 보상회로를 활성화하는 방법으로 진화하고 있기는 하다. 단지 빠른 결과를 통해 보상을 주던 중독은 이제 그 속에서 관계를 만들어가는 방식으로 수명을 늘린다.

두 가지 의미에서 일중독은 점점 늘어날 수 있다. 꾸준히 오랫동안 해야 하는 일보다는 빠른 시간에 집중해서 일하고 단기간의 성과를 얻는 업무가 그렇다. 하루 12시간 이상 일하면 일에 넌더리가 날 것 같지만, 오히려 일중독에 빠질 확률이 높다. 사람 관계 자체도 일 중심으로 돌아가고, 일 이외의 관계나 소통이 점점 빈약해지기 때문이다. 많은 기업에서 이런 전략을 통해 일 중독자를 양산한다는 것은 공공연한 비밀이다.

일이 전부가 되면 그게 잘되어야만 내가 잘 사는 것처럼 느껴진다. 물론 일에 보람을 느끼고 의미를 느끼면 좋다. 그러나 그러지 못할 수도 있다. 자기 일을 사랑해야만 최고의 성과를 올릴 수 있다는 것은 환상이다. 일을 그냥 밥벌이 수단으로 여기며 산다고 해서 인생이 잘못되는 것은 아니다. 일이 조금 적성에 안 맞아도 월급을 받아 다른 데서 기쁨과 의미를 찾는 사람들도 충분히 행복하게 산다.

일하지 않을 때 편하게 쉬는 것이 아니라, 못 다한 일을 다 해야만 할 것 같아서 쫓기는 느낌이다. 편안하게 쉴 수 없으니 피로가 쌓이는 상황이 반복되면서 건강에도 적신호가 켜진다. 일도 알코올처럼 중독될 수 있다. 때로는 두 가지 중독이 한꺼번에 온다.

스마트폰이나 게임도 마찬가지다. 기업의 이익을 위해 SNS, 앱, 게임에 중독되도록 고안한다. 중독이라는 다소 과격한 용어를 쓰지 않아도 SNS을 더 많이 사용하도록, 앱에 더 자주 접속하도록, 게임을 더 오래하도록 유도한다. 이제 우리는 멍하니 있는 시간이 어색하다. 자기 계발의 구호와 맞물려 마치 소중한 인생을 낭비하고 내 자신을 사랑하지 않는 것처럼 느끼곤 한다. 뇌를 비우는 그 시간을 벗어난다고 딱히 의미 있는 일을 하는 것은 아니다. 화장실에서도 메시지를 주고받고, 문득 떠오른 생각을 잊을까 봐 SNS에 접속한다. 나 또한 그렇게 산다.

홈쇼핑이나 인터넷쇼핑도 더 많은 매출을 올리기 위해 충동구매를 유발한다. 반품을 할지언정 일단 사서 쓰는 사람이 더 많다는 것을 알고 있기 때문이다. 우리는 이렇게 중독되기 쉬운 환경에 살고 있다. 과연 누가 여기서 자유로울 수 있을까. 이런 세상에서 한 사람의 어른으로서 훨씬 더 빠르게 쾌감을 얻을 수 있는 욕구를 조절하고, 지금 이 책을 읽고 있다는 것만으로도 대단하다.

중독을 조절할 수 있다는 환상

병이라고 보기는 어렵지만 몰두하고 집착하는 중독적인 삶은 어떨까? 좀 줄이는 것은 안 될까? 이를테면 게임에 빠져서 조절하기 힘들긴 해도 학교나 학원에 결석하는 일도 없고, 친구나 가족 관계가 틀어지는 일도 없다. 충동구매를 해서 후회막심이어도 월급보다 더 많은 빚을 지거나 돌려막기를 하지 않는다. 이렇듯 과도하게 몰두하고 집착하는 것을 정말 조절하고 싶다면?

양을 줄이기보다 횟수를 줄이는 것을 목표로 해야 한다. 한 번에 하는 양은 정해져 있다. 게임을 한 시간 했을 때의 나는, 소주를 한 병 마셨을 때의 나는, 페이스북에 글을 올리고 '좋아요'를 기다리는 나는 원래의 내가 아니다. 시작하는 것만으로도 도파민이 관여하는 보상회로는 어느 정도 활성화된다. 평소의 나에 비해 조절력이 굉장히 떨어진다. 이미 한쪽 발을 담근 내 자신에게 어떤 기대도 해서는 안 된다. 매일 소주 한 병을 마시던 사람이 갑자기 반병을 마시기는 힘들다. 뇌가 자꾸 원래 먹던 한 병을 채우라고 손짓한다.

절반으로 줄이고 싶다면 일주일에 나흘이라도 안 먹기를 시도해보는 편이 낫다.

어른의 발달을 다루면서 중독 문제를 자꾸 이야기하는 까닭은 중독 문제가 우리 삶에서 새로운 단계로 나아가는 것을 가로막기 때문이다. 엉뚱한 곳으로 피해버린다면 앞으로 나아갈 수 있는 사람은 아무도 없다. 한 번 깊이 빠져본 대상에게는 더욱 쉽게 빠진다는 점을 인정하자. 나는 술을 딱 한 잔 만에 끝낼 수 있다. 특별히 절제를 잘해서가 아니다. 술을 별로 좋아하지도 않고 중독된 적도 없어서다. 비록 오래전이기는 해도 생활에 심한 지장을 줄 정도로 게임에 엄청 빠진 적이 있으므로 게임을 한 판만 할 수는 없다. 술을 사랑하고 게임을 싫어하는 사람은 아마 나와 반대일 것이다. 인간이 기억을 통해 성장한다는 것은 기억의 자국으로 인한 한계를 인정하고 조심하는 것도 포함된다.

의지로 모든 것이 극복될 수 있다는 말은 권선징악을 교훈으로 삼는 동화와 같다. 의지만 중요한 것이 아니라, 환경도 그만큼 중요하다. 중독에서 벗어날 수 있는 환경을 스스로 만드는 것이 필요하다. 먼저, 중독의 대상을 완전히 접하지 않는 시간을 가져야 한다. 힘들 때 나를 위로해주고 기쁘게 해주는 친구라고 해도 나쁜 행동을 일삼는다면 칼같이 끊어내야 한다. 미련이 남은 연인과 헤어진 후에도 연락을 계속 주고받는다면 마음을 정리할 수 없다. 어느 정도는 보지 않고 듣지 않고 말하지 않는 시간이 필요한 것은 분명하다.

시간을 가지지 않으려는 시도가 잘 이루어지지 않는다면 스스로 끊기 위한 장치를 마련해야 한다. 다시는 연락하지 않기로 한 옛 연인의 SNS를 검색하면서 새로운 연인이 생겼는지 궁금해한다면 그대로 둔 상태에서 멈추기는 힘들다. 소식을 받지 않거나 프로필을 보지 않도록 차단하자. 짧은 기간 지속되는 강한 고통을 택하느냐, 더 오랜 기간 지속되며 질질 끄는 고통을 택하느냐의 차이다.

중독된 사람들은 언제든지 빠져나올 수 있다는 환상을 갖고 있다. 나는 한때 페이스북을 꽤 열심히 했다. 엄지를 움직여서 다른 사람들의 소식을 접하는 데 심취했다. 원하지 않는 소식을 듣다 보니 기분이 안 좋을 때가 많았음에도 거기서 빠져나오는 것이 쉽지 않았다. 내 조절력만 믿었더니 번번이 실패했다. 앱을 삭제하고 모든 기기에서 로그아웃하는 시도를 하자 간신히 빠져나올 수 있었다. 그 전에는 접속해야만 하는 이유를 자꾸 만들어서 접속했다. 무슨 행동이든 갖다 붙이면 이유는 생긴다. 조절의 환상을 버리지 못하면 술을 힘겹게 끊은 사람이 술자리에 가서 한 잔만 하려는 시도를 한다. 몇 달간의 노력을 무너뜨릴 수 있는 위험한 시도를 할 필요 없는데도 말이다.

다들 신나게 노는 홍대 클럽에 앉아서 공부를 시작하기는 누구나 어렵다. 무엇인가 바꾸자고 결심했다면 음악이 크게 흐르는 클

럽에서 공부할 의지를 다잡을 필요 없다. 독서실과 같은 환경으로 스스로를 끌고 가야 한다. 어린이나 청소년은 이런 환경을 어른이 만들어주겠지만, 어른은 중독된 것과 멀어질 수 있는 환경을 스스로 만드는 것이다.

'스포츠 토토에 접속만 하고 베팅은 하지 않겠다', '쇼핑몰에서 구경만 하고 아무것도 안 사겠다', 'SNS에 접속해서 10분만 구경하고 나오겠다' 다 똑같은 이야기다. 인간은 그렇게 의지가 강한 존재가 아니다. 의지를 가지려고 애쓰기보다는 조절의 환상을 벗어나는 편이 빠르다. 나는 사람에게 한계가 없으니 노력하면 다 된다는 달콤한 말을 믿지 않는다. 안간힘을 써서 조절해야만 하는 그 상황에 뭣하러 빠져야 하나? 처음부터 회복할 수 있는 환경을 만드는 것이 중요하다. 꼭 나의 의지력을 시험해볼 필요는 없다.

나쁜 친구와 어떻게 하면 헤어질 수 있을까?

머릿속 신경전달물질은 여러 가지 있다. 때에 따라서 더 많이 나오거나, 더 중요한 역할을 교대로 맡는다. 뇌 속에서 흐르며 뇌의 필요한 부위에 불을 켜는 도파민, 세로토닌, 노르에피네프린, 아세

틸콜린 등의 영향을 받으면서 우리는 놀고, 중대한 결정을 하고, 잠자고, 사랑한다. 모든 신경전달물질에 대해서 하나하나 설명하지 않고, 도파민과 세로토닌 정도만 살짝 언급하고 싶다.

도파민은 무엇인가에 중독되었을 때 나오는 호르몬이다. 어떤 행동에 대한 보상을 얻었을 때 순간적으로 높게 올라간다. 열정적인 사랑, 짜릿한 승부, 열렬한 운동을 했을 때 나온다. 반면에 세로토닌은 우리의 일상 그리고 생존과 연관이 깊다. 먹고 자고 가까워지는 등 일상을 유지하는 행동을 이끈다. 두 가지 물질은 서로 영향을 주는데, 도파민이 많으면 세로토닌이 적어지는 그런 관계는 아니다. 두 가지 물질의 균형이 적절해야 살아가기 편하다. 경쟁이나 승부의 순간에는 도파민이 지배해야 열정적으로 행동할 수 있다. 세로토닌만으로 반짝반짝하는 사람이 되기는 좀 어렵다. 몰두하고, 이기고, 또 다음으로 나갈 수 있는 힘은 바로 도파민이다. 하지만 도파민이란 녀석은 쉽게 고갈되는 탓에 장기전에서는 세로토닌의 역할이 중요하다.

중독이 주는 순간의 짜릿함에만 몰입한 삶이 계속되면 우리 뇌는 변하게 된다. 도파민은 뇌의 보상회로, 즉 어떤 행동을 하고 그 행동에서 기쁨을 얻는 마음을 지배한다. 시간이든 돈이든 투자해서 성과를 얻었을 때 치솟게 되며, 짜릿함을 느끼는 그 상태를 우리 뇌는 계속 원한다. 그런데 도파민은 투자한 시간과 결과를 얻는 시간의 간격이 짧아야만 잘 분비되어서 보상회로가 활성화된다. 담배를 피우면 바로 좋으니까 사람들이 담배를 끊기 어려운 것이지, 담배를 피우고 한 시간 뒤에 그 시원함이나 스트레스가 해소되는 느낌이 온다면 끊기 쉬울지도 모른다.

중독된 대상에 몰입하고 쾌감을 느낄 때 보상회로로 소나기처럼 내리는 도파민을 일상생활에서 어떻게 다시 채울 수 있을까? 나쁜 친구와 노는 시간이 더 짜릿하듯 나쁜 것을 안다고 해서 쉽게 벗어날 수 있는 것은 아니다. 몸이 기억하고 있기 때문이다. '술, 도박, 여자를 멀리해야 한다'라는 말이 있다. 심한 도박 중독 환자 중에는 여자도 싫고, 술도 싫은 분이 꽤 많다. 도박만큼 재미가 없어서다. 어떤 관계, 어떤 물질, 어떤 행위든 간에 강하게 집착하는 사람들은 자신이 집착하는 대상 외에는 재미를 못 느낀다.

100만큼의 쾌감 또는 몸에 밴 습관은 단 한 가지 무기로 이길 수 없다. 있는 대로 무기를 다 동원해도 모자랄 판이다. 코카인에 중독되면 첫사랑 잊는 것쯤은 아무것도 아니라고 하는데, 그렇게도 강한 중독을 명상으로 이기는 것은 비현실적이다. 정적이고 차분한 행동에서 나오는 세로토닌만으로 강렬한 도파민을 이길 수 없다. '도박으로 빚을 졌으니 퇴근하고 집에서 아이 돌보는 것만 해라', '인터넷 게임 중독을 진단받았으니 이제 공부만 열심히 해보자' 등의 전략은 실패하기 쉽다.

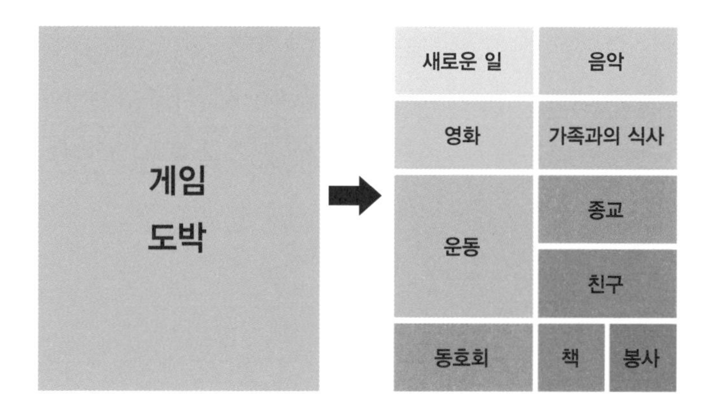

가족들은 억울할 수 있다. 이제까지 실컷 놀았는데 또 놀라고? 혼자 애들 보느라 힘들었는데, 등산을 간다니 기가 막힌다. 게임하는 대신에 만화책을 보겠다고 하니 미칠 노릇이다. 그러나 끊임없이 뭔가를 하는 게 회복이다. 하는 시간을 줄이기보다는 하지 않는 시간을 늘려야 한다. 아무것도 하지 않거나 주변 사람들이 원하는 일만 해서는 결코 도박이나 게임에 대한 욕구를 이길 수 없다. 학력, 경력, 지위에 맞지 않는 일이라도 일단 시작해야 한다. 그냥 집에 가둬두는 것은 오래가지 못한다.

도파민과 세로토닌 그리고 자세히 이야기하지 않은 다른 신경전달물질이 균형을 이루어야 잘 살아간다. 때로는 보상을 얻기 위해 달리고, 때로는 안정을 얻기 위해 천천히 걸을 수 있다. 하지만 중독은 도파민의 지배를 너무 강하게 받는다. 심지어 제대로 된 보상을 받지 않았을 때, 이를테면 도박에서 잃거나 SNS에서 '좋아요' 숫자가 내 마음에 차지 않았을 때 보상회로가 활성화된다. 게임 중독인 아이들은 친구들과 어울려 게임하는 정도의 아이들과 다르다. 게임하는 도중이나 이겼을 때 도파민이 분비되는 것이 아니라, 그런 상상만 해도 보상을 받는 것처럼 느낀다. 일상에서 투자하고 보상을 얻는 과정은 끊임없이 반복되기 때문이다.

환자를 진료해서 나았다는 이야기를 들었을 때, 친해지고 싶은 친구가 내게 마음을 열었을 때, 상대방이 나의 도움을 인정하고 칭찬했을 때 등 깨닫지 못할 뿐 보상회로가 활성화된다. 문제는 도파민에만 지배받던 중독적인 삶의 경우 일상에서 보상회로가 움직이지 않는다는 것이다. 인간관계, 운동, 오프라인의 취미활동으로는 도파민이 나오지 않는다. 강렬한 자극을 접해야 한다. 사행성 게임을 해야만, 일을 미친 듯이 해야만, 새로운 사람과 성관계를 해야만 보상회로가 "너 잘 살고 있어"라고 속삭여준다.

중독된 것을 확 끊어버리면 뇌는 도파민에 목마르다. 도파민이 나올 수 있는 상황을 찾게 된다. 가장 힘든 그때 세로토닌의 지배를 받는 삶으로 바로 넘어갈 수 있다면 참 이상적이다. 명상, 산책, 봉사활동, 독서를 하면 세로토닌이 많이 나온다. 세로토닌이 도파민을 이기고 평화로운 삶을 살게 되는 모습을 상상하면 참 좋다. 그러나 극적인 전환이 현실적으로 잘 일어나지 않는다.

전쟁의 도파민을 평화의 세로토닌으로 완전히 대체하기란 어렵다. 그렇다고 전에 몰두하던 활동을 계속하라는 것은 아니다. 온라인 게임을 끊기로 한 청소년에게는 경쟁하며 땀을 흘릴 수 있는 운동이 낫다. 독서, 봉사활동, 신앙생활이 좋은 것은 알지만, 그렇게 해서는 도파민이 목마를 수 있다. 일중독에서 벗어나려고 휴일에 음악 감상을 하며 아이들을 돌본다면 회사로 가고 싶은 충동을 더 느낄 가능성이 크다. 빠른 자극이 필요하다.

운동을 하더라도 살을 뺀다거나 근육을 만드는 것처럼 너무 장기적인 목표를 세우면 지칠 수 있다. 단기적인 성취감을 느끼는 것이 중요하다. 도파민에서 세로토닌으로 바로 가기보다는 일상을 벗어난 도파민에서 일상의 도파민으로 가는 것이 더 현실적이다. 매일같이 만나던 연인과 갑자기 헤어지게 되었을 때 친구들을 만나 술을 마시면서 잊는 것처럼. 이게 좋다는 것은 절대 아니다. 어떤 중독에서 빠져나올 때 대체하는 활동은 정말 중요하다. 몰두하던 대상을 바꿔야지 무조건 하지 않겠다는 태도로만은 절대 성공할 수 없다.

욱하고 치밀어 오르는 분노

대체 왜
화가 날까?

화를 무조건 참는다고 좋은 것은 아니다. 묵혀두면 병이 된다. 화병은 세계적으로 통용되는 미국 정신의학회 진단편람(DSM-5)에도 "Hwa-byung"이라고 우리말 그대로 나올 만큼 심각한 병이다. 그렇다고 무조건 참지 않고 화를 낸다고 좋은 것은 더더욱 아니다.

왜 화가 날까? 아이들은 원하는 것을 얻지 못해서 화가 나지만, 어른은 꼭 그렇지 않다. 누구에게 주로 화가 날까? 정말로 머리끝까지 화가 날 때는 다른 누구도 아닌 스스로에 대한 후회와 질책이 담겨 있는 경우가 많다. 남에게 화가 난 것처럼 보여도 실제로는 스스로에게 실망한 것이다. 내가 10만큼 잘못하고 남이 90만큼 잘못했어도 10만큼의 잘못을 한 내 자신에게 화가 난다.

갑자기 가슴이 답답하고 화가 올라올 때, 가슴이 두근두근하고 온몸에 열이 뻗치는 것 같을 때 우리는 원인을 찾으려고 한다. 곰곰이 생각하다 보면 해결책을 알게 된다. 그러나 그 해결책이 지금 바꿀 수 없는 부분을 포함하고 있으면 불안해진다. 때로는 너무 많이 알아서 불안하다. 안다고 해서 문제가 꼭 해결되는 것은 아니니까.

창문의 유리가 왜 깨졌는지 알아보았더니 손가락 때문이었다. 유리창을 손가락으로 툭 건드리자 그만 와르르 깨져버렸다. 정말로 창문을 툭 건드렸을 뿐인 손가락 때문일까? 굉장히 오랫동안 금이 간 채로 버텨온 유리창이라면 누가 건드려도 깨지지 않았을까?

아이 둘을 키우는 워킹맘 지연 씨는 오늘도 아이들에게 화가 잔뜩 났다. 직장에서 새로 온 팀장이 자꾸 성사하기 어려운 일을 시키고, 보고서는 계속 다시 써오라고 한다. 제대로 확인해보지도 않고 다시 써오라는 말부터 일단 내뱉는 것 같다. 이런 상태에서 점심을 억지로 먹었더니 체했다. 팀원 한 명이 출산 휴가만 보내고 복귀한다기에 석 달간 충원도 없이 빈자리를 메우느라 힘들었는데, 갑자기 육아 휴직을 하기로 마음먹었다고 한다. 집에 오는 길에 눈앞에서 버스를 놓쳤고, 만원 지하철에서는 한 번도 앉지 못했다. 앞에 가는 아저씨는 담배 연기를 내뿜고, 그 아저씨를 앞질러 가다가 휴대폰을 아스팔트에 떨어뜨렸다. 내 신세는 왜 이런 것인지 화가 잔뜩 나 있는 상황에서 아이들이 장난감을 갖고 싸우는 광경을 본다. 폭발한 지연 씨는 마구 소리를 지르며 "너네 이런 식으로 할 거면 둘 다 나가!"라고 했다. 과연 아이들이 장난감을 갖고 싸운 것 때문에 화가 났다고 할 수 있을까?

너무나 많은 일이 더 많은 일로 인해 일어난다. 결과는 하나여도 원인의 가짓수는 훨씬 많다. 창문을 깨뜨린 손가락을 탓하며 인생의 소중한 봄날을 낭비할 수는 없다. '손가락만 없었으면 창문이 깨지지 않았을 텐데'라며 단정 짓는 것이 문제다. 원인을 찾다 보면 일상에서 스스로에게 화가 나는 경우가 생각보다 많다는 점을 알 수 있다. 이는 어쩌면 성숙하다는 증거다. 미성숙한 사람은 일이 잘 안 풀리거나 힘든 부분을 다른 사람 탓으로 돌린다.

화는 100퍼센트 맞는 이야기는 아니지만 거의 맞는 이야기로 인해 생긴다. 너무나 황당한 이야기를 들으면 웃어넘길 수 있다. 마음 깊은 곳에서 화가 생기지는 않는다. 예를 들어 누구나 예쁘다고 하는 인기 여배우를 만나 "실물을 보니 저보다 못생기셨군요"라고 말한다고 해서 그녀가 화낼 리 없다. 아무도 동의하지 않기 때문이다. "다른 배우 ○○○이 더 예쁘던데요"라고 말한다면? 누군가는 진실로 믿을 수 있을뿐더러 듣는 사람은 인정하고 싶지 않은 말이라서 화가 날 수 있다. 굳이 할 필요 없는 말인 데다 열등감과 부러움을 건드리는 탓에 더욱 화가 난다.

알고 싶지 않는 부분과 직면할 수도 있다는 두려움에도 불구하고 화가 난 원인을 찾아보는 것은 큰 도움이 된다. 단, 너무 오래 찾지는 말고 10분 정도 해보는 편이 좋다. 지연 씨는 아이들의 잘못이라기보다 회사에서 받은 스트레스가 크다는 사실을 알았다. 꼭 내 잘못이 아니더라도 스스로가 처한 상황이나 선택에 대한 후회가 감정을 증폭시킬 수 있다. 그런 회사에서 일하는 자신의 처지에 화가 났음을 깨달은 지연 씨는 예상할 수 없는 상황이 연달아 벌어진 것을 받아들이게 되었다.

지연 씨에게 한꺼번에 일어난 일은 전부 독립적이었다. 안 좋은 일이 연달아 일어나면 마치 그 사이에 어떤 인과관계가 있는 것처럼 착각하게 된다. 별개의 불운에 대해 책임 소재를 찾다 보면 공통점은 '나'밖에 없다. 다른 사람이 한 행동에 대해 후회할 수는 없다. 후회는 스스로에 대한 감정이다. 결국 나에게 실망하고 자책하는 채로 끝을 맺게 된다. 화가 났을 때 표면적인 것에만 책임을 돌리지 말아야겠지만, 원인에 대해 너무 오래 거슬러갈 필요도 없다. 모든 분노에 대해 "자존감이 낮아서 그렇군요"라는 한마디면 원인이 갑자기 간단해진다. 근본적이고 핵심일 수 있겠으나, 당장 답이 없다.

화를
제대로 내려면

모든 것을 내려놓으면 편해진다는 것을 모르는 사람은 없다. 화가 몸을 해친다는 것을 모르는 사람도 없다. 화를 안 내고 흘러가는 대로 살면 마음이 평화로울 텐데, 그게 어렵다. 화를 낼 때는 제대로 내야 병이 되지 않는다. 그러기 위해서는 감정 표현의 방식을 바꾸는 것이 필요하다.

우리나라를 비롯한 동아시아는 유교 문화를 바탕으로 하기에 남의 눈을 많이 의식한다allocentric culture. 그런 문화가 좋은 점도 있다. 직설적인 표현으로 남에게 상처를 주는 일이 드물다. 하지만 진짜 감정을 표현하려고 할 때 진짜 내 감정을 이야기하지 못하는 경우가 많다. 예를 들어 마트에서 어떤 아이가 엄마에게 장난감을 사달라고 떼를 쓰는 장면을 떠올려보자. 다음에 사준다고 해도, 집에 있는 장난감과 비슷하다고 설득해도 통하지 않는다. 아이가 발을 구르고 떼쓰는 모습을 본 점원이 달려온다. 엄마는 화가 나기 시작한다. 우리나라 엄마들은 그 상황에서 화났거나 실망했다고 직접적으로 말하는 일이 거의 없다. 점원을 가리키며 "저 아저씨가 이놈한다"라고 돌려 말한다. 심지어 친척을 소환해서 혼을 내기도 한다. "너 자꾸 이러면 할아버지가 이제 안 예뻐한다." 제3자를 주어로 해서 감정을 표현한다.

이 상황과 무관한 사람의 입장을 빌려 와 말한들 화가 줄어들지 않는다. "아저씨가 이놈 한다" 정도는 약과다. "친구네 남편은 안 그러는데" 또는 "우리 엄마가 이 사실을 알면 뭐라고 하겠어?"와 같이 그 자리에 없는 사람을 끌고 오는 경우도 많다. 상대방은 부정적 감정을 느끼고, 말을 뱉은 당사자는 전혀 분이 풀리지 않는다. 뒤이어 따라오는 말의 강도도 세질 수밖에 없다 보니, 결국 이득을 보는 사람이 아무도 없다. 자기중심의 문화autocentric culture 속에서 자란 서양 엄마들처럼 "I'm angry"라고 하는 것이 훨씬 간단하다. 직접적이고 간단하게 의사소통할 수 있으니까.

이렇게 화내는 엄마들은 이따금 "너 도대체 왜 이래?"라고 말하기도 한다. '너'를 주어로 하면 공격으로 받아들여져 상대방은 더 화날 확률이 높다. 더욱이 그 자리에 없는 사람을 불러오든 상대방을 주어로 하든 간에 화가 치밀면 양가 부모님, 친구, 직장 등이 연루된 문제까지 튀어나올 수 있다. "당신이 그러니까 자식들도 저 모양이지" 또는 "너 대체 언제까지 술 마시고 들어올 거야?"와 같은 말은 질문의 형태를 띠고 있을 뿐 질문이 아니다. 상대방이 '지금 화가 많이 났구나'라고 헤아리거나 질문에 대답하기 힘들다. 비난으로 들리는 탓에 감정이 격해지는 악순환을 야기한다.

'화난다', '열 받았다', '성질난다' 등 내 감정을 있는 그대로 표현하면 마치 내가 문제인 것처럼 느껴져서 억울하다는 사람도 있다. 하지만 내 감정의 주인은 '나'다. 돌려 말하는 습관은 평소에는 배려가 될 수 있는 반면에, 부정적 감정을 표현할 때는 대체로 역효과가 난다. 번역체처럼 모든 말에 주어를 쓰라는 것이 아니다. 주어는 생략될 수 있다. 다만 내 감정을 표현해야 한다.

"(당신이) 자주 술 마시고 들어오니 (나는) 너무 화가 난다"라고 나 중심의 표현(I message)으로 바꾸는 연습을 해보자. '나'라는 주어가 들어가지 않아도 '나는' 또는 '내가'를 문장에 넣을 자리가 있어야 한다. 예를 들어 "너 그 따위로 할 거야? 집 나가!"라는 말에는 '나'라는 주어가 들어갈 자리가 없다. "계속 게임만 하니까 진짜 성질나"라는 말에는 '내가'라는 주어가 들어갈 자리가 있다. 갈등이 완전히 해소되지는 않겠으나, 어쩔 수 없이 오가는 표현이 한결 부드러워진다. 상황이 극단적으로 치닫지 않을 가능성이 크다. 연습한다고 100퍼센트 모든 상황에 적용하기는 힘들 것이다. 열 번 중에 한 번만 도움을 받더라도 좋지 않을까 싶다.

남을 배려해서 바꿔보자는 이야기가 아니다. 스스로를 위한 것이다. 실제 감정과 가장 가까운 단어로 제대로 표현해야 화를 내도 몸이 다치지 않는다. 화가 나면 정말로 열이 받고, 가슴이 두근거리며, 속이 울렁거린다. 우리 몸의 교감신경이 흥분해서 그렇다. 상황에 맞게 감정에 제대로 된 단어만 붙여도 신체적 긴장이 줄어든다.

오랜 화로 인해 가슴에 돌덩이가 있거나, 꽉 막히고 열이 올라오는 느낌을 갖는 것도 화를 정직하게 표현하지 않은 탓이다. 나이가 들수록 분노와 관련되어 신체 반응을 조절하는 자율신경이 더욱 약해지므로 이를 조절하는 것이 더 중요해진다.

처음부터 잘되지는 않을 것이다. 만약 가족 간에 말다툼이나 직장에서 오해가 있었다면 그 사이에 오갔던 중요한 말을 되짚어보고 대안적 메시지로 바꿔본다. '나'를 주어로 말하다 보면 분명 많은 변화를 경험할 수 있다. 그동안 당연하고 쉬운 길을 멀리 돌아갔을지도 모른다. 내려놓고 비우는 마음챙김mindfulness을 할 수 있다면 정말 좋다. "너는 왜 말할 때마다 그딴 식이야?"라고 하는 대신 "그렇게 상처를 주는 말을 계속 들으니 진짜 열 받네"라고 해보는 것도 필요하다.

완벽주의의
무서움

부모가 되기 전에는 완벽하게 일을 잘 해왔고, 다른 사람에게 전혀 폐도 끼치지 않았을 것이다. 집도 깔끔하게 정돈하고, 일과 휴식에 균형을 맞추며, 자기를 위한 투자도 서슴없이 했다. 약간의 완벽주의 성향을 통해 우리는 더 열심히 살았고, 더 좋은 성과를 냈다. 그러나 아이를 낳고 나면 전처럼 완벽하게 살기 어렵다. 아이를 키워본 부모라면 누구나 아는 사실이다. 그런데도 우리는 아이를 키우는 일을 완벽하게 하려고 욕심을 낸다.

- 왜 남들처럼 모유 수유를 못하는 걸까요?
- 스마트폰이 안 좋다는 것을 알면서도 식당에서는 보여줄 수밖에 없는 걸까요?
- 왜 나는 프랑스 엄마처럼 아이를 키우지 못하는 걸까요?
- 어째서 삼둥이 아빠처럼 아이를 잘 보지 못하는 걸까요?

완벽주의는 중요한 일을 완벽하게 해내는 것을 의미하지 않는다. 세부적인 사항에 집착하고 완벽한 결과를 스스로에게 강요하는 특성이 있다. 특히 완벽주의자는 한정된 시간에 비해 할 일이 많아지는 상황에서 좌절을 자주 겪는다. 어린아이를 키우는 부모야말로 완벽을 달성하기 가장 어렵다. 직장을 다닌다면 이것저것 눈치도 봐야 하고, 옛날처럼 시골에서 너도 나도 육아를 도와줄 수 있는 환경도 아니다. 즉, 처음이라는 말이다. 육아라는 낯선 과제 앞에 부모는 부족한 점이 많을 수밖에 없다.

예전에는 일도 완벽하게 해내고 자기계발도 열심히 하며 친구들까지 챙겼다. 지금은 육아 한 가지만 해도 너무나 힘들다. 게다가 육아에 따라올 수밖에 없는 살림은 잘했을 때 티가 난다기보다는 못했을 때 틈이 더 잘 보인다. 조금만 잘 못해도 아이에게 미안한 마음과 함께 '나는 제대로 살고 있는가'라는 자괴감에 빠진다. 큰 문제가 없다면 잘하고 있는 것인데도 성과가 눈에 보이지 않으니 말이다.

늘 미안한 마음으로 아이를 대한다. 그런데 이 죄책감은 참 이상한 녀석이다. 어떤 실수를 저질렀을 때 인정하고 되짚어봐야 그 실수를 반복하지 않는 것은 맞다. 이때 반성이 과도해서 스스로를 비난하는 수준에 이르면 어떻게 될까? 등교할 시간이 되었는데 옷도 입지 않고 텔레비전을 보는 아이에게 화를 버럭 냈다(내 얘기 아니다). 처음부터 밥 먹을 때 텔레비전을 틀어준 것이 잘못이었다/ 내가 좀 더 빨리 일어나서 준비했더라면 밥 먹는 것에 초조해서 텔레비전을 켜주지 않았을 텐데/ 다음부터는 아침밥을 10분만 빨리 차리자/ 아이가 똑같은 행동을 하면 감정을 섞어 소리 지르지 말고 단호하게 이야기하자/ 대략 이 정도까지는 괜찮다. 지나간 일을 반복해서 되새김질한다면 비슷한 상황에서 화내는 것이 줄어들기는 커녕 오히려 심해진다는 연구 결과가 있다. 너무 많이 곱씹는다고 재발을 예방할 수 없다는 뜻이다. 죄책감에 빠지면 재발 방지 효과가 어느 순간 줄어든다.

애들은 알아서 큰다는 말은 옛날이야기가 되었다. 우리는 좋은 부모가 되기 위해 전문가들의 조언을 경청하고, 아이를 위해서 돈 쓰는 것을 아끼지 않는다. 실제로 2015년 신생아 1인당 육아용품 구입비는 548만 원으로, 옛날로 거슬러 올라갈 것도 없이 5년 전인 2010년과 비교하면 두 배가 넘게 차이 난다. '우리 아이는 소중하니까'라며 소비를 통해 육아의 빈틈에서 오는 죄책감을 상쇄하려고 한다. 우리 아이는 소중하니까!

스스로에 대한 비난을 물질로 애써 채워도 더 비싸고 좋은 것을 해주는 부모를 보면 갑자기 초라해진다. 투자한 만큼의 성과가 나오지 않는 순간 짜증도 난다. 유기농 채소로 만든 요리를 안 먹는 아이에게 버럭 소리를 지르거나, 비싸게 주고 산 옷에 흙을 묻히며 신나게 노는 아이에게 괜히 화를 낸다. 아이들의 마음속에 더 오랫동안 남는 것은 무엇일까? 좋은 음식과 좋은 옷일까? 엄마의 짜증일까?

육아의 목표를 '좋은 부모가 되는 것'보다는 '아이가 건강하고 행복하게 크는 것'으로 재설정해야 한다. 좋은 부모를 목표로 하는 게 나쁘다는 이야기가 아니다. 좋은 부모와 동떨어진 내 모습을 볼 때 더 화가 치밀어 오를 확률이 높지 않을까? 좋은 부모가 되는 것보다는 행복하게 살아서 그 에너지를 아이에게 전달하면 충분하다.

완벽해야 한다는 목표를 이루지 못했을 때 스스로를 계속 비난하면 우울감에 빠지기 쉽다. 무한히 반복되는 전업주부의 일상, 일과 육아 사이 워킹맘의 끊임없는 갈등, 집에 돌아오면 난장판 속에서 찡그리고 있는 얼굴…. 아이를 낳고 꿈꿨던 완벽주의적 육아는 점점 멀어져 간다. 그런 우울함을 벗어나고 완벽주의를 채우기 위해 늘 조급한 채로 살아가는 부모도 많다. 분노를 부르는 악순환이다.

아이는 태어난 지 얼마 지나지 않아 엄마의 얼굴을 모방한다. 말을 하지 못하는 아이에게 모방은 관계의 중요한 수단이다. 감정을 표현하는 법을 배우기 시작한다. 우울하고 불안한 엄마의 아이는 집중력이 떨어지고, 주의가 산만하며, 스트레스를 많이 받는다. 다른 사람과 관계에서도 불만족스러운 표정을 짓는 경우가 많다. 엄마가 아이를 완벽하게 키우려고 아이와 눈 마주칠 시간에 스마트폰으로 육아에 대해 이것저것 검색하고, 육아와 살림에 완벽한 사람이 되려고 화내고 초조해한다면? 아이가 그 시간을 오롯이 몸속에 기억한다면?

내가 먼저 행복해야 아이가 행복하다. 아이를 위한다는 미명 아래 스스로를 희생해서 불행해진다면 아이 역시 불행해질 것이다. 부모의 여유 없고 빡빡한 가치관을 배울 것이다. 어쩌면 세상이 그런 것이라고 받아들일지도 모른다. 아이에 대한 부모의 사랑보다 아이가 부모를 사랑하는 방식이 훨씬 순수하다. 그냥 같이 있어주고 귀 기울여주며 바라봐주면 좋다.

아이는 '세상은 그렇게 살아가는구나!'라는 것을 흉내를 통해 배운다. 혹시 지금 내 자신을 위한 그리고 육아를 위한 육아를 하고 있지는 않은가? 조금 못해도 괜찮다. 스스로를 질책하고 남과 비교하며 조급해하는 감정이 아이에게 전해지는 것이 더 큰 문제일지도 모른다.

먹어도
채워지지 않는 허기

화났을 때 입을 닫아야 한다. 입을 닫아야 한다니 무조건 말하지 않는 것으로 생각할 수 있다. 말하지 않는다고 화를 잘 내는 것은 아니다. 무조건 말을 안 하는 것은 회피형 애착을 가진 사람이 자주 쓰는 방식으로 옳은 것은 아니다. 말을 하느냐 마느냐보다 폭식을 피하는 것이 더 중요하다.

생명을 유지하는 데 필수적인 먹는 것은 배우지 않아도 할 수 있다. 굶주림을 해결하기 위한 노력으로 인류 문화는 농경 사회에서 산업 사회로 발전했다. 하지만 과거와 달리 현대사회는 굶어 죽는 사람보다는 비만으로 고통받는 사람이 더 많다. 우리 주변에 맛있는 것이 넘쳐나는 데다 스트레스를 폭식으로 해결하는 탓이다. 화가 나거나 불안할 때 폭식하는 원인은 바로 호르몬의 시간차다. 스트레스에 관련된 호르몬은 여러 단계를 거치며 작용한다. 그중 스트레스 호르몬을 자극하는 CRH가 뇌의 시상하부에서 나온다. CRH는 직접적으로 교감신경을 흥분시키기보다 뒤에서 조종하는 호르몬이다. 먼저 분비되는 CRH는 식욕을 떨어뜨린다.

충격을 받거나 싸우거나 큰 시험을 치르며 긴장하는 등 스트레스가 심할 때는 뭘 먹고 싶다는 생각조차 들지 않는다. 스트레스에 맞서 싸울 수 있도록 CRH가 계속 명령을 내리기 때문이이다. 식욕을 떨어뜨리는 CRH는 자기 혼자 일하지 않고, 당질코르티코이드에게 일을 시킨다. 명령을 내린 장본인인 CRH는 15~20분 만에 잽싸게 치고 빠지는 반면에, 뒤늦게 등장한 당질코르티코이드는 몇 시간 동안 활동한다. 문제는 당질코르티코이드가 식욕을 돋운다는 점이다. 처음에는 CRH만 높다가(물론 두 호르몬 모두 높은 시기를 거쳐) 스트레스가 지속되면 당질코르티코이드만 남아 식욕을 더 돋운다.

불안과 분노를 느끼는 상황에서 위장 운동은 정지된다. 음식을 소화한다는 것은 영양분을 저장하는 것으로, 앞날에 대한 대비다. 생존의 위협을 받는다면 일단 지금의 위험을 벗어나는 것이 중요하다. 사자를 피해 도망가는 얼룩말에게 앞날을 대비할 겨를이 어디 있을까. 불편한 상사와 밥을 먹거나, 시댁 식구들이 잔소리를 하면 밥이 안 넘어간다는 것은 이런 이유에서다. 몸의 다른 장기에 혈액을 보내느라 위장은 순위에서 밀린다. 위장은 우리가 '오늘은 밥을 반만 소화시켜야지'라고 결심한다고 해서 딱 그만큼만 움직이지 않는다. 자기가 알아서 꿀렁꿀렁 소화시키고, 알아서 멈춰버린다. 안 좋은 기억을 떠올리면 명치부터 답답해지는 사람들이 있다. '가슴이 답답하다'의 가슴은 심혈관계가 아니라 소화계일 가능성이 크다.

두 가지를 종합해보면 분노 상황에서 식욕은 높은데 위장 운동 능력은 떨어질 수 있다. 차라리 숲 속에서 뱀을 본 것처럼 한 번의 큰 충격을 받아 식욕도 없고 위장 운동도 하지 않는 편이 나을지도 모른다. 모든 것이 완벽해야 하는 이 세상에서 스트레스는 지속될 수밖에 없다. 계속되는 긴장 상태에서는 소화시키기 좋으면서도 혈당은 빠르게 올리는 단 음식이나, 아주 일시적으로나마 위장 운동을 촉진시키는 매운 음식의 인기가 높아진다. 위장이 준비된 상태에서 힘겹게 소화시켜야 하는 거친 음식이 아니라, 쉽게 흡수될 수 있도록 설계된 빠른 음식이니까. 패스트푸드는 조리하는 과정이 빠를뿐더러 몸에 흡수도 빨라서 패스트푸드다.

무조건 먹지 않으려고 애쓰는 것은 힘들다. 맛있는 음식을 먹는 것만으로도 큰 위로가 된다. 하지만 내 몸이 왜 단짠단짠을 찾는지, 어째서 토할 것 같은데도 폭식하는지 알아야 한다. 그럴 때는 먹더라도 자연에 가까운 음식을 먹는 것이 좋다. 당장의 스트레스 해소 효과는 없는 것처럼 느껴질 것이다. 비만 야생동물이 없는 까닭은 야생동물이 의지를 가지고 식욕을 조절하기 때문이 아니다. 땅에서 나온 음식을 한 번에 한 종류만 먹기 때문이다.

나를 갉아먹는 사람들

내가 알고 있는 내 모습

다른 사람과 관계를 잘 맺기 위해 애착 유형을 파악하고 내 문제를 고치는 것만으로는 충분하지 않다. 자기 성찰과 발전을 꾀하는 어른이 예전보다는 많아질 것이라 믿지만, 모든 사람이 좋은 세상은 적어도 호모 사피엔스의 시대에는 오지 않을 것이다. 평생 주위에 좋은 사람만 가득할 날은 당연히 오지 않는다.

세상을 예리한 시선으로 들여다보고 인생의 큰 깨달음을 얻은 것처럼 보이는 사람들이 있다. 감동적인 이야기를 마구 쏟아내는데, 듣다 보면 막 눈물이 날 것 같고 그렇다. 그런데 막상 그분 아래서 일하는 사람들 말을 들어보면 세상에 어떻게 저런 사람이 있나 싶어 깜짝 놀란다. 온갖 나쁜 짓을 다 하면서 어느 정도 거리가 있는 사람들에게만 통찰력을 내보인다. 중이 제 머리를 못 깎는다는 속담처럼 자기 자신을 모르는 경우다.

나이가 들수록 남의 이야기를 듣고 고치는 것이 어렵다. 나이 때문이라기보다 내가 몸담은 분야의 경력 때문이다. 처음에는 내 경쟁 상대가 정신과라고만 생각했다. 그런데 그게 아니었다. 사람들이 마음이 아플 때 정신과만 찾아가는 것이 아니다. 심리상담센터, 철학관, 한의원 등이 모두 경쟁 상대였다. 심지어 몇 달째 나와 상담해도 해답이 없는 문제에 대해 다른 곳에서 답변을 듣고 오는 일도 있었다. 다른 분야에서 배울 점도 많고, 내가 보는 것이 이 세상의 전부가 아님에도 '내가 이 분야에 몇 년을 공부했는데! 그래도 내가 제일 잘 알지!'라는 마음이 스멀스멀 올라온다.

세상은 빠르게 변한다. 몇 년 전에 내가 알던 것이 최고였어도 곧 그것을 뒤집는 신지식이 나타날 수 있다. 어른이 되어도 다시 어른으로 자라날 수 있다. 그런데 이미 얻은 권위를 잃기 싫다는 이유만으로 아는 것과 배운 것이 얼마나 대단한지 말과 행동을 통해 주장하려고 한다.

자기 자신에 대해서 모르는 사람들은 나름대로 잘 살아간다. SNS에 팔로워 수가 꽤 된다고 해서, 결혼식에 오는 사람이 꽤 많다고 해서, 회식 때 다들 웃으며 곁에 앉으려고 한다고 해서 '나는 괜찮은 사람'이라는 착각에 빠져 산다. 제대로 알면 괴로우니까! 모르고 사는 편이 훨씬 편하다. 주변 사람들에게 무슨 짓을 하고 사는지 하나도 모르면서 사람들의 심리를 정확하게 읽거나, 트렌드를 한발 앞서 나가거나, 독창적인 아이디어를 내서 성공하는 사람이 많다.

누구나 마음의 평화를 얻고 싶다. 나이가 들수록 변화보다는 안정을 택하는 것이 당연하다. 하지만 나를 돌아보지 않고 이 세상에 대해서만 돌아보는 것은 의식적인 과정이 아니다. 우리의 마음은 의지를 가지고 행동하는 자아ego와 그런 자아를 감시하는 초자아superego로 이루어져 있다. 초자아는 CCTV와 같은 것이라서 잘못된 일에 대해서만 기록하고 파악하는 역할을 한다. 초자아가 너무 강력한 나머지 자아를 옭아매면 자아는 살아가기 힘들다. 큰일을 예방하는 CCTV 정도의 화질이면 좋다. 최고 성능의 고화질 카메라와 같은 시각으로 자아를 감시할 필요는 없다. 고화질 카메라는 엉뚱한 곳에 집착하느라 잘못을 잡아내지 못할 수도 있다.

자신의 결점을 제대로 알고 있는 사람은 드물다. 주변 사람들이 힘들어하는 부분과 전혀 다른 부분을 자신의 결점으로 생각하는 사람도 많다. 아마 내가 꼽는 나의 결점 역시 남을 힘들게 하는 것과는 전혀 다른 종류일지도 모른다. 자신을 완벽하게 알아야 한다는 것이 아니다. 나를 모른다는 것을 아는 사람과 나를 모른다는 것조차 모르는 사람은 전혀 다르다. 자기 자신을 파악했다고 주장하는 사람들이 가장 위험하다.

착취자의 또 다른 이름, 자기애성 인격장애

자기애적 성향은 누구나 있다. 스스로를 사랑하고 칭찬받고 싶어 하는 마음이 잘못된 것은 아니다. 어느 정도는 필요하다. 단지 과도하다는 이유만으로 문제시되지 않는다. 그럼 자기애적인 사람과 자기애성 인격장애Narcissistic personality disorder의 차이는 무엇일까?

자기애성 인격장애는 인정받고 칭찬받고 주목받기 위해서 스스로 애쓰는 것을 넘어 다른 사람들을 착취한다. 사람을 이용하는 것을 아무렇지 않게 여긴다. 사랑받거나 인정받고자 하는 욕구를 채우기 위해 남을 이용해도 상관없다고 생각한다. 이런 생각이 너무 당연하게 스며들어 있어 본인은 잘 모른다. "당신은 자신을 사랑하기 때문에 남을 이용해도 된다고 생각하십니까?"라고 묻는다면 어떻게 그럴 수 있느냐고 대답할 것이다. 이래서 인격장애인 사람과 가까이하면 답답하다.

내가 살아남으려면 어쩔 수 없이 다른 사람을 이용할 수밖에 없다고 알고 있으면 양반이다. 대부분은 모른다. 하기 싫은 잡일을 시키고 근무 시간 외에 업무 지시를 하면서도 그 직원에게 기회를 줬다고 생각한다. 끊임없는 지적을 통해 자기 구미에 맞게 일하도록 시키면서 자기 정도면 잘 가르쳐주는 사람이라고 생각한다. 착취하는 사람들은 그게 착취라고 결코 생각하지 않는다. 피라미드를 만들 때도 파라오에게 봉사할 기회를 주는 것이라 했고, 신데렐라의 계모는 신데렐라를 데리고 있는 것 자체가 선한 일이라 여겼다. 살다 보면 본의 아니게 다른 사람에게 피해를 준다. 힘들다 보면 다른 사람을 이용할 때도 있다. 이런 일이 한 번 있었다고 해서 절대로 자기애성 인격장애는 아니다.

착취를 일삼는 사람들은 높은 자리에 올라가는 경우가 많다. 착취할 수 있는 범위는 그만큼 늘어난다. 이런 사람을 피할 수 있다면 더할 나위 없이 좋다. 피하는 것은 비겁한 것이 아니다. 엘리베이터나 지하철을 타기 어려운 사람, 발표할 때마다 불안을 느끼는 사람 등은 오히려 그런 상황에 노출해서 불안을 줄이는 편이 좋다. 그래야 살아가기 편하니까. 그러나 무서운 놀이기구를 못 타거나 공포영화를 못 본다면 굳이 치료할 필요 없다. 그냥 피해도 된다. 즉, 일상에 도사리고 있는 자기애성 인격장애인 사람과 꼭 함께 가야 하는 것은 아니다. 보통 사람들이 아니므로 피할 수 없는 것이 문제이지 피한다고 패배감을 느낄 필요 전혀 없다. 원래 싸움에서 지지 않는 법은 두 가지다. 무조건 이기는 방법, 싸워서 내가 못 이길 것 같은 사람과는 싸우지 않는 방법.

자기애성 인격장애인 사람은 거만하고 자신에게 도취된 것처럼 보이지만 사실은 그렇지 않다. 스스로 정말 잘났다고 여기고 사랑하는 사람은 남들이 자신을 어떻게 생각하든 잘 살아간다. 문제는 자기애성 인격장애인 사람이 스스로를 정말로 사랑한다고 오해한 채 대했을 때 생긴다.

자기애성 인격장애인 사람들은 어린 시절 부모님이 성과를 인정하지 않고 더 높은 수준의 기대를 해왔을 가능성이 크다. 내면에 뿌리 깊은 열등감이 자리한다. 세상에 이해하고 받아들여야 할 것이 많은데, 나를 허구한 날 괴롭히는 사람의 어린 시절까지 이해해서 용서하자는 것은 아니다. 일단 그 사람들의 열등감을 절대로 건드리지 않는 것이 중요하다.

자기애성 인격장애 중에서도 특히 과민형hypervigilent 자기애성 인격장애가 좀 더 자주 문제시된다. 자신과 다른 의견을 내놓기만 해도 비난을 받았다고 생각하고, 자기에게 반발이나 도전하는 것으로 받아들인다. 그 사안에 대해 의견이 다를 수도 있는데, '나는 늘 옳기 때문'이다. 이런 사람들을 대해야 할 때는 어떻게 해야 할까?

반대 의견을 불가피하게 펴야 할 때는 "늘 옳고 배울 것이 많지만"과 같은 단서를 달아본다. 상대방으로 하여금 도전받는다는 위협을 줄일 수 있다. 그 사람이 지시하거나 설명하는 순간에는 "네, 알겠습니다"라고 일단 대답한다. 그리고 10~20분 후에 "이런 장점이 있는 데 반해 저런 단점이 있지 않을까요?"라고 시간차 방어를 한다. 꼭 자기애성 인격장애가 아니더라도 사람들은 상대방이 곧바로 반박하는 것보다는 시간 차이를 두고 반박할 때 덜 공격적이라고 느낀다. 비굴하게 꼭 그렇게까지 해야 하느냐고? 각자 선택할 일이다. 하지만 꿈을 이루고 싶거나 먹고살려면 어쩔 수 없는 순간이 찾아오게 마련이다. 자기애성 인격장애인 사람들이 내 운명의 열쇠를 쥔 경우는 분명히 있다. 물론 이런 방법도 단기적 효과가 있을 뿐 사람이 바뀌는 것은 아니다.

개인적인 대화의 시간을 갖더라도 정말로 내 마음을 털어놓아서는 안 된다. 자기애성 인격장애인 사람은 내가 어떤 사람인지 궁금한 척 질문을 던지기도 하지만, 실은 전혀 궁금해하지 않는다. 좀 더 자세히 안다고 해서 가까워졌다고 생각하지 않을뿐더러 나의 어려운 부분을 털어놓거나 감정을 나누는 부분을 지루하다고 생각한다. 상대방을 이해하는 것은 쓸모없는 짓이기 때문이다. 차라리 그 사람에게 질문하고 이야기를 들어주며 이해하는 데 시간을 할애하는 편이 서로에게 좋다.

어떤 인격장애의 패턴을 공통적으로 보인다고 하더라도 사람은 다양한 모습을 가지고 있으므로 그 사람을 이해한다면 나에게 도움이 된다. 상대방을 위해서가 아니라 나를 위해서다. 그 사람이 굉장히 힘든 과거가 있거나, 자기 행동을 합리화하더라도 현혹되지 말자. 자기애성 인격장애인 사람은 자기 고통을 포장하는 능력이 뛰어나다. 내 고통은 남들의 고통과 달리 특별하니까.

진료실에서는 자기애성 인격장애인 사람을 거의 만나기 어렵다. 설령 오더라도 자신의 성공을 모두 잃어버리거나, 사람들이 다 떠난 뒤에 정신과를 찾는다. 반면에 자기애성 인격장애인 사람에게 피해를 입은 피해자는 정신과에 많이 찾아온다. 그들은 사람들 간 힘의 균형, 강자와 약자 구도에 평생 몰두한 채 살아온 탓에 상대가 안 되는 것은 당연하다. 제대로 대처하지 못했다고 하더라도 내가 못난 사람이라고 생각할 필요 없다.

중간이 없는 경계선 인격장애

경계선 인격장애borderline personality disorder는 만성적으로 공허하고, 감정 기복이 심하며, 남에게 버림받는 상황에 대한 두려움을 가진 것 등이 특징이다. 여러 개의 작은 트라우마를 겪은 복합성 외상후스트레스장애complex PTSD, 불안장애, 조울증, 해리장애 등이 버

무려져 있어서 정신과 의사도 어려워하는 끝판왕이다. 어떻게 보면 참 평범한 특성이 눈덩이처럼 불어난 느낌으로, 굳이 따지고 들면 누구에게나 한 번쯤 해당될 수 있는 내용이다. 공허하거나 감정 기복이 심한 것은 우울증이나 조울증과 같은 기분장애에서도 올 수 있다.

모든 것은 과도할 때 문제가 생기는 법. 경계선 인격이 단순히 성향이 아닌 인격장애가 되려면 공허함이나 두려움을 해결하기 위한 자기 파괴적인 행동이 있어야 한다. 내 곁의 상황이 눈앞에 당장 보이지 않더라도 여전히 존재할 것이라는 믿음, 즉 대상 항상성object consistency이 없기 때문이다. 어린 시절에는 엄마 대신 곰 인형을 안고 자는 것이 정상이다. 그러나 어른이 되어서까지 인형을 대체할 대상을 찾는다. 안타깝게도 어른은 곰 인형으로 만족할 수 없으므로 사람을 곰 인형처럼 데리고 있으려니 그게 문제다. 내가 조종하고 싶은 사람이 마음처럼 되지 않으면 그걸 막으려고 충동적이고 파괴적인 행동을 한다. 손목을 긋는 것처럼 누가 봐도 자해인 자해도 있지만, 작은 자해가 더 많다. 폭식이나 폭음, 저격성 발언, 돌이킬 수 없는 상태로 소중한 관계를 파괴하는 것도 포함된다.

진료실에서 경계선 인격장애를 미워할 수 없는 까닭은 이런 극단적인 상황은 다행히 우리가 알아채거나 피하기가 좀 더 쉬워서다. 착취하는 사람보다는 자해하는 사람의 문제를 짚어내는 것이 훨씬 쉽다. 자기애성 인격장애에 비해 스스로의 잘못된 점을 어렴풋이 인식하는 경우가 많다.

강렬하게 드러나는 부분과 달리 일상에서 경계선 인격장애가 미묘하게 문제를 일으키는 부분은 따로 있다. 바로 분리splitting다. 사람들을 선과 악으로 나눠서 구분한다. 어렸을 때는 그런 경향이 누구에게나 있다. 그러나 청소년기를 거쳐 100퍼센트 좋거나 100퍼센트 나쁜 것이 있는 것이 아님을 배운다.

발달의 관점에서 〈뽀로로〉는 캐릭터들만 귀여울 뿐 〈또봇〉보다 훨씬 이해하기 어려운 애니메이션이다. 전통적인 가족의 구조를 따르지 않은 데다 선악의 개념이 분명하지 않다. 처음에는 나쁜 줄 알았던 나쁜 놈도 나중에는 좋은 점이 드러나거나, 그럴 수밖에 없었던 이유가 있었음을 알게 된다. 결국 뽀로로 일당과 친해지면서 끝이 난다. 사실 이런 것은 초등학교 고학년이 되어야 생기는 개념이다. 무조건 나쁜 것은 없으며 의도가 중요하다는 것을 이해해야 한다. 나는 이런 애니메이션을 어린아이들이 재미있게 보는 것이 참 신기할 따름이다. 경계선 인격에게는 어려운 일인데 말이다.

말러Magaret Mahler는 경계선 인격장애를 논하면서 16~30개월의 분리개별화 시기에 제대로 발달되지 않은 부분이 중요하다고 했다. 나는 단지 그 시절의 문제는 아니라고 본다. 오히려 청소년기부터 성인기까지 도덕성의 발달에서 다른 사람의 의도나 사정을 이해하는 후인습적postconventional 과정으로 전환이 제대로 이루어지지 않은 탓이라는 데 동의한다. 즉, 전통적인 선악 구도로 세상을 바라볼 수 없을뿐더러 자세히 들여다보면 사람들은 누구나 사정이 있다. 완벽한 사람은 없으므로 "얘는 이런 좋은 점도 있지만, 이런 나쁜 점도 있어"라고 뽀로로처럼 이해해야 안정적인 관계를 맺을 수 있다. 상대방이 내 전화를 받지 않은 것은 나를 버리려는 의도가 아니라, 사정이 있었음을 이해해야 내 마음이 편하다.

경계선 인격장애인 사람은 감정의 폭이 너무 큰 데다 이런 것을 이해할 수 있는 폭이 없다. 그래서 처음에는 다른 사람을 굉장히 이상화한다. 정말 좋은 사람이나 내 인생에 극적인 전환을 가져다줄 사람으로 이상화하다가 자신에게 소홀히 하는 부분을 발견하면 미친 듯이 깎아내린다. 곧이어 상대방을 조종하는 과정을 학습한다. 조종하기 위해서 나쁜 사람과 좋은 사람으로 편 가르기를 한다. 완벽하고 무한한 사랑을 베푸는 존재로서 지속될 수 없다는 점을 알지 못하는 탓이다. 너무 과도하게 나를 이상화하는 사람은 경계할 필요가 있다. 중간이 없는 채로 어른이 되어버린 것이니까.

좋은 사람과의 관계도
해로울 수 있다

인간관계로 마음을 다친 분들이 묻는다. 이 사람과 관계를 계속 유지해야 하는지, 그만두어야 하는지. 어떤 관계를 느슨하게 만드는 것은 어렵다. 내 삶에 독이 되는 사람을 끊지 못하는 까닭은 '반드시' 또는 '절대로'와 같은 의무감을 벗어나지 못하기 때문이다.

어릴 적 술 먹고 때리기만 하다가 집을 나간 아버지가 갑자기 찾아와서 여러 가지를 요구하면 그간의 원망을 뒤로하고 시키는 대로 따르는 사람들이 있다. 불효막심한 자식이 될 수는 없으니까. 만날 때마다 나를 시기하고 질투하는 친구가 연락해서 사는 게 힘들다고 하면 바쁜 와중에 한 시간이 넘도록 하소연을 들어준다. 괜히 친구가 나를 저버렸다고 할까 봐 불안하다. 나는 절대로 다른 사람들에게 나쁜 평가를 받아서도 안 되고 싫은 소리를 하는 사람이어서도 안 되니까. 남을 착취하고 이용하는 사람들은 당하기만 하는 사람들의 이런 약점을 알고 있다. 그래서 상대방에게 '나를 저버리면 나쁜 사람이다'라는 메시지를 주입시키고 죄책감을 불러일으켜서 더욱 자기 마음대로 조종한다.

착한 사람들은 남을 신경 쓰다가 사람들과 더 얽히고 끝내 자신의 에너지를 소진한다. 마음의 힘도 체력처럼 한계가 있기에 그러다 정작 중요한 사람들에게 정성을 다하지 못할 수도 있음을 명심해야 한다. 밖에서 받은 스트레스를 꾹 참고 있다가 어린 자녀나 부하 직원과 같은 약자에게 화풀이하는 사람들도 있다. 반대로 이기적인 직장 동료가 집에서는 좋은 부모일 수도 있고, 속 썩이는 자녀가 학교에서는 착실하게 행동할 수도 있다. 늘 나쁜 사람도 늘 착한 사람도 없다면 우리는 과연 누구를 위해서 착하게 살아야 하는 것일까? 나를 힘들게 하는 사람을 위해서인지, 아니면 내가 화풀이하기 쉬운 사람을 위해서인지 생각해봐야 한다.

나에게 좋은 사람과 나쁜 사람을 어떻게 구별할까? 손익을 따져가며 만난다면 너무 냉정하지 않을까? 가장 중요한 것은 그 사람과 함께하는 시간을 통해 내가 어떤 사람으로 거듭날 수 있느냐다. 내 자존감을 높이는 사람도 있고, 낮추는 사람도 있다. 꼭 나쁜 사람이 아니더라도 괜히 만나기만 하면 마음이 불편한 사람이 있다. 좋은 사람 같은데도 자꾸 나를 힘들게 한다. 그 사람만 만나고 오면 마음이 조급해지고 불편하다. 내가 못난 것처럼 느껴진다.

나에게도 그런 분이 있다. 다행히 친한 사이는 아니고 아주 가끔 볼 뿐이다. 마음의 불편한 까닭은 결국 나의 질투 때문이라는 것을 깨달았다. 남들은 그게 뭐가 부럽냐고 한다. 하지만 내가 딱 원하는 재능을 갖추고 있고, 몇 년간 늘 내가 원하는 자리에 있었다. 친구에게 이런 이야기를 하자 내가 더 나은 점을 짚어주었다. 그런데도 위로가 되지 않았다. 결국 그분이 속한 모임 등을 피하고, SNS에서 언팔로우를 하기로 결정했다. 만약 그분이 나에게 의지하는 관계였다면 이유도 설명하지 않고 피하는 것이 그분에게 상처가 될 수 있다. 사실 그런 관계도 아니어서 그냥 자연스럽게 멀어질 수 있었다. 다행이었다. 그런 감정을 굳이 더 자주 느끼면서 극복할 필요는 없을지도 모른다.

만약 훨씬 가까운 사람이라면 무작정 피하기보다는 이유를 설명하는 편이 낫다. 누구에게나 열등감이 있으므로 열등감으로 힘들다는 이야기는 생각보다 부끄러운 것이 아니다. 시기와 질투로 다른 사람을 흠집 내고 험담하는 것이 더 부끄러운 일이다. 질투와 시기심을 인정하면 누군가 일없이 미워지지 않는다. 단지 인간관계에서 나타날 수 있는 많은 마찰 중 한 가지일 뿐이다.

좋은 사람인데도 가까워지기 어려운 경우가 분명 있다. 나를 갉아먹고 힘들게 하는 사람과 억지로 관계를 유지할 필요는 없다. 관계를 위해서 내 자신을 희생할 필요는 없다. 인간人間에서 존재人와 관계間는 모두 중요하다. 관계를 통해서 새로운 사람이 되기도 하지만, 이는 한쪽의 희생을 전제로 한다. 따라서 관계 이전에 스스로가 바르게 서는 것이 중요하다.

PART 3.

어른을 어른답게 만들어주는 것들

어른다운 어른으로 살기 위해 버려야 할 것 같지만,
내 인생에서 함께할 수밖에 없는 것들이 있다.
함께해도 그다지 나쁘지 않은 것들이다.
생존에 꼭 필요한 감정인 불안, 여간해서는
좀처럼 바뀌지 않는 성격, 나를 보호하는 고정관념, 이제까지 살아남은 자부심이다.
때로는 우리를 괴롭히는 것들을 통해 더욱 성장할 수 있다.

삶에 없어서는 안 될 불안

불안을 이해하기 어려운 이유

에너지는 한 가지의 형태로 존재하지 않고 변화한다. 높은 곳에 있던 물건은 비탈을 내려오며 위치 에너지가 운동 에너지로 변한다. 나무는 종이가 되고, 그 종이로 만든 책을 읽고 자란 아이가 나무를 심는다. 자원과 에너지는 이렇게 순환한다. 만약 놀라거나 충격을 받은 일로 곧바로 불안하다면 그 과정을 이해하기 힘들 것이다. 어제 비를 함씬 맞아 오늘 기침과 재채기를 했다면 오히려 받아들이기 쉽다. 하지만 우리 마음은 그렇게 단순하지 않다. 힘든 일이 차곡차곡 쌓이다 보면 오랜 세월을 거쳐 언젠가 드러날 수 있는 탓에 원인과 결과를 이해하기 힘들다.

불안은 감정적인 것뿐 아니라 가슴이 두근거리고 숨이 막히며 열이 확 올라오는 등의 신체 불안 증상somatic anxiety symptom처럼 몸으로도 나타난다. 몸으로 불안이 나오는 까닭을 당장 이해하기 어렵다 보니 때로는 불안이 더 커지기도 한다. 신경전달물질과 관련 회로의 변화는 오랫동안 생기므로 불안의 시간차가 발생한다. 따라서 왜 불안한지 그 원인을 모른다고 해서 스스로에게 면박을 줄 필요 없다. 오래전 있었던 100만큼의 스트레스 사건으로 이제까지 물이 찰랑찰랑 차오른 상태로 가까스로 지내다가 3만큼의 작은 스트레스 사건으로 물이 갑자기 넘칠 수 있다. 더 황당한 것은 불안을 주는 요인이 사라졌을 때 오히려 더 불안해기도 한다. 예를 들어 30년 동안 괴롭히고 폭언하던 시어머니가 돌아가신 후에 불안이 생길 수 있다. 무의식중에 눌러왔던 것들은 마음 면역력이 약해질 때 활개를 치는데, 그때 환경보다 자기 탓을 하니 문제다.

불안의 종류나 형태가 달라지는 경우도 있다. 성추행이나 성폭행을 당한 사람은 가해자와 비슷한 사람을 보면 식은땀이 나고, 가슴이 두근거리며, 조그만 일에도 깜짝 놀라는 등 외상후스트레스장애PTSD 증상을 보이기도 한다. 과거의 사건을 마치 지금 일어난 일처럼 다시금 경험하는 것이다. 삶에 위협을 받고 스스로 통제할 수 없는 상황에 맞닥뜨린 사람이 외상후스트레스장애를 겪는 것은 차라리 단순하다. 성폭행을 당한 피해자의 불안이 외상후스트레스장애가 아닌 강박장애로 나타날 수도 있다. 피해자인데도 뭔가 내 잘못도 일부 있는 것만 같은 죄책감 그리고 더러워졌다는 수치심에 끊임없이 손을 씻는다. 얼핏 보기에는 손을 반복적으로 씻는 것을 성폭행과 연관 지어 생각하기 어려울 수 있다. 자기 자신도 이해하기 어려운 문제가 아닌가.

공황장애가 생길 수도 있다. '내가 위험할 때 도와줄 사람이 없다'라는 생각에 성폭행을 당한 장소도 아니고, 가해자와 비슷한 사람도 없는데 심한 공포와 신체 불안 증상을 느낀다. 개중에는 알코올 중독에 빠지기도 한다. 그때의 트라우마를 잊기 위해 술에 기대는 것이다. 알코올을 섭취하면 당장의 불안은 줄어드니까. 하지만 술을 마심으로써 뇌에 마구 눌러 담은 불안은 술에서 깬 다음 날이면 더욱 심해진다. 그 밖에 대인공포증을 앓기도 하고, 하루 종일 걱정하는 범불안장애를 겪기도 한다.

아직은 과거 사건과 현재 불안의 인과관계를 피 검사나 뇌 영상 촬영 등으로 증명하기 어렵다. 성폭행이라는 한 가지 트라우마가 다른 형태의 불안으로 치환되는 것처럼 불안은 여러 가지 형태로 나타나기 때문이다. 현재 불안의 원인을 이해하려는 노력은 꼭 필요하다. 세상 사람들은 나를 이해하지 못해도 적어도 나 자신만은 나를 이해해야 한다.

우리를 힘들게 하는 불안은 우리 삶에 없어서는 안 된다. 불안하니까 다른 사람들의 눈을 어느 정도 의식하고 상식에 크게 어긋나지 않는 행동을 할 수 있다. 불안하니까 미래를 대비해 저축을 한다. 특히 적절한 긴장optimum tension을 해야 최고의 성과를 낼 수 있음은 잘 알려진 사실이다. 불안이 너무 낮아도 나태해지므로 주어진 일을 잘 해내기 어렵다. 시험 전날 긴장하지 않으면 공부하지 않을 수 있는 것처럼 말이다. 반면에 불안이 너무 높아도 시험 전날 잠을 자지 못하거나, 시험지를 받자마자 눈앞이 깜깜해져서 평소 실력을 발휘하지 못할 수 있다. 적절한 긴장이란 시험에 대한 어느 정도의 불안을 통해 제대로 준비하고 실력을 발휘하는 것을 뜻한다. 불안과 싸울 때 완전히 없어지기를 기대해서는 싸움에서 절대로 이길 수 없다.

뱀에 한 번 물린 사람이 뱀을 보면 놀라는 것은 정상이다. 뱀에 물린 것도 서럽고 또 그런 일이 생길까 봐 불안한데 "그러게 산에 왜 갔어?"라고 비난하는 경우가 있다. 상처 부위가 아물기도 전에 위로는커녕 그만 좀 하라고 다그치면 불안한 와중에 긴장이 정상 궤도로 돌아오기 어렵다. 자기 자신을 탓하는 채로 시간이 흐르면 다음번에는 나뭇가지를 봐도 뱀으로 오인한다. 우연이나 어쩔 수 없는 상황이 아닌 내 자신이 원인이라면 앞으로 또 뱀에 물리는 일이 생길 것 같다. 불안해진다. 뱀과 비슷하게 생긴 것만 봐도 내 자신과 가족 등 소중한 것을 지키기 위해 과도하게 걱정한다. 맞은 자리를 또 맞으면 아픈 것은 누구나 마찬가지다.

광장공포agoraphobia는 광장처럼 넓은 곳에 가면 공포, 불안 같은 감정과 함께 식은땀, 두근거림, 숨 막힘 등의 증상을 느끼는 것이다. 요즘에는 지하철이나 극장처럼 사람이 많은 곳 또는 엘리베이터처럼 폐쇄된 곳에서 많이 생긴다. 잘 생기는 곳은 달라도 아프거나 힘들 때 도움받을 수 없다고 생각한다는 점이 공통적이다. 갑작스레 불이 나거나 사고가 발생해도 무사히 탈출할 수 없다고 여긴다. 해결 방법은 간단하다. 그런 곳을 피하면 된다. 문제는 그렇게 피하다 보면 그곳에 가기가 더욱 어려워진다. 머릿속에서는 이미 무서운 상황과 그때의 내 감정에 대해 상상한다. 활동 범위가 점점 좁아지고, 사람들을 만나거나 일하는 데 어려움을 겪게 된다. 물론 한두 가지 정말 드문 상황에 대해 불안을 느끼고 피한다고 해서 병은 아니다. 치료를 받아야 하는 것도 아니다. 지하철을 피하는 것과 놀이기구를 피하는 것은 삶에 미치는 영향이 다르다.

세 가지
회피

불안을 피하면서도 피한다는 사실조차 모를 때가 있다. 회피에 대한 세 가지 분류를 살펴보면 우리가 생각보다 많이 피하며 산다는 점을 알게 된다.

첫 번째는 지하철을 타지 못하거나 발표를 다른 사람에게 떠넘기는 식의 큰 회피다. 행동 자체부터 피하는 것으로 적어도 회피 자체를 알아채기가 어렵지 않다.

두 번째는 안전 행동safety behavior처럼 조그만 행동을 함으로써 피한다. 해야 할 일을 아예 피하지는 않으니 큰 회피에 비하면 사는 데 불편함은 적은 편이다. 최고로 불안한 상황을 피하기 위해 불안을 조금씩 줄이는 장치를 마련해둔다. 예를 들어 발표를 무조건 피하지는 않지만 그 상황을 빨리 지나가게 하려고 굉장히 빠른 속도로 말한다거나, 손 떠는 것을 들킬까 봐 레이저포인터를 사용하지 않는다. 지하철을 타면 문 옆에 서 있거나, 붐비는 시간대를 일부러 피한다. 이런 조그만 회피의 경우 대세에 지장은 없다. 즉, 큰 회피처럼 직장을 옮겨야 하거나, 인간관계 자체가 바뀌는 일은 드물다. 하지만 큰 회피와 마찬가지로 같은 상황을 앞두면 실제 사건을 겪기 전에 불안을 먼저 겪는다. 살짝 피하는 것도 은근히 피곤하다. 물론 피곤하게 사느냐, 불안에 맞서느냐는 각자의 선택이다. 다만 스스로 무엇을 택했는지 아는 것이 중요하다.

세 번째는 행동이 아닌 마음속에서 피하는 것으로 가장 알아채기 힘들다. 불안할 만한 상황에서 불안하다는 사실을 인정하지 않고, 감정을 자꾸 누르려고만 한다. 불안을 느끼는 순간 사람들이 마음속으로 많이 떠올리는 말은 '내가 왜 이러지?'이다. 해결 방법을 찾지 못하고 그 말만 반복한다면 회피가 더 심해질 수 있다. 가만히 생각해보면 '내가 왜 이러지?'라는 말은 원인을 찾고 싶은 진짜 의문문이 아니다. 불안해하는 내 자신에 대한 질책이 담겨 있다. 부정적인 감정을 달래는 방법은 아이를 대하는 것과 같다. 불안한 사람에게 "너 도대체 왜 그래"라고 말한다면 누가 위로를 받을 수 있을까. 우리는 남에게도 하지 않는 말을 자기 자신에게 많이 한다. '많이 불안하구나'라고 내 감정을 있는 그대로 바라봐주는 것이 해결의 시작이다. 그래야 왜 불안한지 깨달을 수 있다. 아니다. 왜 불안한지 그 이유까지 몰라도 괜찮다. 스스로 질책하지 않고 불안하다는 사실을 인정하기만 해도 불안감은 더 빨리 가라앉는다.

가장 작은 회피에 대처하기

세 가지 회피 중에서 가장 피하기 힘든 것은 마음속에서 피하는 가장 작은 회피다. 불안의 이유를 알면 좋지만, 진짜 원인을 찾지 못해도 나아질 수는 있다. 마음의 문제는 원인을 알지 못하더라도 시간의 힘으로 나아지기도 한다. 살다 보면 이유도 모르게 그냥 불안한 때도 있지 않은가. 앞서 말했듯이 불안은 여러 가지 형태로 바뀌는 탓에 오래전부터 계속된 스트레스가 원인인지, 지금 맞닥뜨린 상황이 원인인지 헷갈린다. 게다가 감정을 피하는 습관도 한몫한다. 부정적인 감정이 올라올 때마다 일단 피하고 보는 습관이 들었기 때문이다.

나쁜 감정은 누르거나 없애려고 하면 더 커진다. 이 사실은 1분짜리 간단한 실험으로도 깨달을 수 있다. 눈을 감고 '지금부터 1분간 분홍색 코끼리를 절대로 생각하지 말자'라고 결심해보자. 어떤 것을 생각하지 않으려고 애쓰는 순간 존재감이 커지는 것을 경험할 수 있다. 일상생활을 하며 좀처럼 떠올리지 않았던 분홍 코끼리가 자꾸 떠오른다. 한 번도 본 적 없는 분홍 코끼리조차 떨쳐내려고 하면 자꾸 떠오르는데, 매일 겪는 불안이나 걱정은 하물며 어떻겠는가. 누르려고 하면 더 튀어 오르는 용수철 인형 같은 것이다.

차라리 불안의 끝까지 따라가 봐야 한다. 괜히 쫓기는 느낌이 들고 가슴이 두근두근하면 내가 어째서 지금 그렇게 느끼는지 똑바로 바라보는 편이 효과적일 수 있다. 나는 지금 내가 왜 불안한지 구구절절 글로 써보기도 한다. 이렇게 해서 밝혀낸 불안의 원인이 오래전 있었던 사건, 안 볼 수 없는 사람, 다가오지 않은 일 등 지금 당장 해결하기 어려운 것일 수도 있다. 하지만 깨닫는 것만으로도 불안은 줄어든다. 마치 목욕탕의 김 서린 거울을 손으로 닦으면 모든 것이 또렷해지는 것처럼. 맑아진 거울로 본 내 모습이 마음에 안 들 수도 있고, 그 모습을 본다고 다 깨닫는 것은 아니다. 그래도 또렷하게 본 내 모습과 내 삶이 진짜이다.

불안을 맞서는 것이 어렵다면? 그래서 불안이 자꾸자꾸 올라간다면? 미치거나 쓰러질까? 물론 심한 불안 상태에서는 스스로를 통제하지 못하거나, 죽을 것 같은 공포를 느낄 수 있다. 그러나 '죽거나 미치는 것에 대한 두려움'은 극심한 불안에 따라오는 생각일 뿐 쓰러지거나 미치는 것 자체가 불안의 증상은 아니다. 오히려 가만히 내버려두면 불안은 언젠가 가라앉는다. 가만히 내버려두었을 때 불안이라는 감정과 신체 증상이 사라지는 것을 한 번이라도 경험한다면 그다음부터 불안을 훨씬 잘 다룰 수 있다. 불안을 느끼는 것에 대한 불안을 버리는 것이 중요하다.

내 몸의 이야기를 들어주세요

우리 몸에 있는 자율신경은 내 말을 듣지 않는 청개구리다. 자율신경이 하는 일은 여러 가지 있다. 그중 심장을 뛰게 하고, 소화를 시키고, 땀을 배출하는 것 등을 조절하는 역할이 있는데, 이런 일은 직접 간섭하기 어렵다. 우리는 평소 '절반만 소화시켜야지' 또는 '오늘은 심장을 느리게 뛰어볼까'라고 하지 않는다. 자율신경은 우리 의지대로 자율적으로 움직여서 자율신경이 아니다. 자기들 멋대로, 정확히 말하자면 뇌의 시스템 중에서 훨씬 더 본능적이고 빠르게 스스로 돌아가는 힘에 의해 움직여서 자율신경이다.

자율신경은 두 쌍으로 움직인다. 긴장이나 불안, 이른바 전투태세를 만드는 것이 교감신경이다. 교감신경이 활성화되면 열감, 두근거림, 식은땀 등 전체적으로 몸이 흥분 상태가 된다. 단, 위장과 같은 소화기관은 오히려 활동이 줄어든다. 1년 넘게 공부한 공무원 시험을 치르는 순간, 오래 고민 끝에 연인에게 이별을 선언하는 순간, 지진이 발생하여 많은 사람과 대피하는 순간 등 교감신경이 극도로 올라갈 때는 소화시킬 겨를이 없기 때문이다. 이러한 교감신경과 균형을 이루면서 반대로 작용하는 것이 부교감신경이다. 쉴 때는 부교감신경이 더 우세해지면서 다음을 위해 영양분을 저장하는 활동이 일어난다. 교감신경과 부교감신경의 전환과 균형이 적절하게 일어날 때 건강하게 살 수 있다.

내 의지로 자율신경을 조절하려고 하면 간섭에 익숙지 않은 자율신경은 긴장한다. 교감신경이 힘을 받게 된다. 화장실을 가지 말아야 하는 상황에서 소변이 더 마려워지는 것도 교감신경의 작용이다. 스스로 불안을 누르려고 하면 오히려 훨씬 심해진다. 발표를 앞두고 긴장된 마음에 '떨면 안 돼'라고 다짐하면 가슴이 두근거리는 것도 마찬가지다.

자율신경은 자꾸 다그치면 더 제멋대로 나간다. 따라서 밀고 당기기를 잘해야 한다. 불안해하지 말아야 한다고 자신을 다그치기보다는 '시험을 앞뒀으니까 당연히 불안하지', '좋아하는 이성을 만나면 당연히 떨릴 수 있어'라고 마음을 인정해줘야 불안이 줄어든다. 대화할 때 상대방의 말을 듣지 않고 무조건 억누르려고 하면 다툼이 일어나는 것과 같다. 내 몸이 하는 이야기를 내 머리가 들어줘야 한다. 그래야 몸도 차츰 안정을 찾게 된다. 자꾸 누르려고만 하다가 교감신경이 활개를 치는 상태가 지속되면 마음건강 문제가 더 심해지는 악순환이 일어난다.

불안과 잠을 못 자는 것은 연결되어 있다. 며칠 못 자서 힘들면 잠에게 제발 와달라고 사정한다. 안타깝게도 잠을 오게 하려고 애쓸수록 잠은 더 달아난다. 안달이 나서 수십 통의 전화를 하면 오히려 더 전화를 안 받고 애태우는 연인처럼 말이다. '네가 오든 말든'이라는 태도가 필요하다. 잠을 잘 오게 하는 데 제일 중요한 것은 잠과의 밀고 당기기에서 쿨한 자세를 유지하는 것이다. "하루쯤 잠 안 오면 어쩔 건데?"라고 말하는 것이 물론 쉽지 않다. 그럴 때는 잠을 안 자려고 애쓰는 수험생들은 잠이 쏟아지고 늘 졸리다는 것을 한번 생각해보자.

공황발작도 마찬가지다. 그 경험이 너무 무섭다 보니 공황이 오면 큰일이 난다는 생각에 사로잡혀 있다. 예기불안으로 긴장도가 높아지고 교감신경이 힘을 받으면 공황이 내 곁을 완전히 떠나지 않는데도 말이다. "공황은 오지 않을 거야. 괜찮아"라는 말은 좋은 말이다. 하지만 가만히 들여다보면 결국 이 상황을 내가 조절할 수 없다는 뜻과 공황에 대한 두려움이 담겨 있다. 크게 도움이 되지 않는다. 공황이 온다고 한들 죽지도 않고 미치는 것도 아니니 "오면 어떠냐. 올 테면 와봐"라고 해야 꼬리를 내린다.

의미치료logotherapy에서는 골치 아픈 자율신경을 다루기 위해 오히려 불편함을 만들어보고 보여주는 과정을 거친다. 불안해질 수 있는 상황을 만드는 것이다. 일부러 불안을 유발하는 것은 사람이나 특정 장소를 피하는 경우에 더욱 효과적이다. 많은 사람 앞에서 발표하기, 식당에서 혼자 밥 먹기, 붐비는 시간에 지하철 타기 등을 일부러 해보는 것은 굉장히 중요하다. 억지로 발표를 하거나 출퇴근을 위해 어쩔 수 없이 지하철을 타면 불안을 이기기 힘들다. 같은 상황이라도 일부러 자신이 만들었을 때와 어쩔 수 없이 그 상황에 처했을 때 마음이 다를 수 있음을 이용하는 것이다. 연인과 헤어질 결심을 하고 언제 말할지 고민 중인 상황에서 상대방이 먼저 "헤어지자"라고 하면 기분이 나쁜 것과 같다.

사람은 누구나 상황을 스스로 통제하기 원하므로 불안을 내 쪽에서 먼저 유발해보는 것이 더 쉽다. 불안을 치료하기 위한 오로지 그 목적으로 대하기 어려운 사람에게 전화를 해보거나, 발표를 자청해보거나(먼저 나서도록 강요받는 상황에서는 안 된다), 그냥 갔다가 올 생각으로 지하철을 타보는 것이다. 일부러 불안한 상황을 만드는 것을 해보면 교감신경 쪽으로 기울어진 상태가 언제까지나 계속되지 않음을 몸이 깨닫는다. 책을 읽고 머리로 익히는 지금 이 순간 말고 직접 해보는 경험이 쌓이면서 몸이 조금씩 알게 된다. 무조건적으로 명령하지 않고 내 몸이 말하는 바를 잘 이해할 때 자율신경과의 밀당에서 우위를 확보하여 편해진다. 이렇게 불안과 함께하는 과정은 머리보다는 몸이 훨씬 더 중요하다.

극단적
걱정 놀이

오늘만 벌써 신문사 인터뷰 요청 3개, 방송 출연 요청이 2개다. '올해의 베스트셀러 작가'로 방송에 출연한 이후 언론에서 자주 연락이 온다. 평소 진행자의 팬이어서 들뜬 마음에 나간 것이 화근이었다. 예전에는 방송 출연을 안 한다고 하면 그냥 아쉽다고 전화를 끊던 사람들이 이제는 순순히 끊지 않는다. 오늘도 방송 작가 한 명에게 거절하는 의사를 내비쳤더니 "그래요? 작가님은 인기 있는 프로그램만 출연하신다 이거죠?"라고 비아냥거린다. 하지만 방송이 싫은 것을 어쩌겠는가. 아무리 대본이 있다고 해도 순발력을 발휘해야 한다. 자신이 없다. 내 성향과 너무도 맞지 않는데 할 수는 없다. 왜 글쓰기를 좋아하는 사람이 말하기를 좋아한다고 생각하는 걸까. 결코 그렇지 않은데!

꿈에 그리던 작가가 되었고, 내 책이 미국에 이어 중국에서도 출간된다니 기쁘다. 다른 작가들의 공격이 있지만, 그건 개의치 않으려고 한다. 어차피 다 나를 질투해서 그런다는 것을 알고 있기 때문이다. 생활의 불편함도 견딜 수 있다. 지하철에 자리가 나도 예전에는 누가 앉을까 봐 잽싸게 앉았다. 이제는 그럴 수 없다. 우리 아이들도 나의 유명세에 불편을 겪고 있으니 미안함도 크다. 유명 작가가 되어서 사람이 달라졌다는 비아냥거림은 견디기가 참 힘든 오늘이다.

이 이야기는 현실이 아니다. 내가 불안을 이기는 방법 중 하나다. 이른바 '걱정 놀이'다. 최악의 상황을 가정하는 것이 지속될 때 최고의 상황을 가정해서 그때의 불안을 짚어보는 것이다. 걱정 놀이는 두근거림, 구역질, 어지러움처럼 불안 증상이 몸으로 많이 나타나는 사람보다 머릿속에서 끊임없이 걱정이 이어지는 사람에게 더 효과적이다.

나는 어렸을 때부터 작가가 되고 싶었다. 하지만 글을 쓰는 족족 공모전에서 다 떨어지고 좋은 평가를 받지 못했다. 설상가상 아버지가 위암으로 돌아가시면서 암에 대한 불안이 심해졌다. 한동안 위내시경을 해도 위암이 아닐까 하는 공포가 엄습했다. 작가가 되고 싶은 꿈과 암이 무슨 상관이냐고 할 수도 있다. 나는 그 두 가지 생각을 할 때마다 불안해졌다. 두 가지는 내 삶에서 관련이 깊었다. 나는 내가 이루고 싶던 꿈을 이루지 못한 채 암이나 다른 병에 걸려 삶이 끝나버릴까 봐 두려웠던 것이다.

어른은 아이처럼 불안하다고 울 수 없다. 그러나 아이든 어른이든 고통을 느끼면 당연히 피하고 싶다. 손에 뜨거운 것이 닿으면 반사적으로 피하게 되고, 나를 힘들게 하는 사람과 눈을 오래 마주치기 어려우며, 지겨운 강의를 들을 때는 저절로 몸이 꼼지락거린다. 불안할 때도 마찬가지다. 공황발작이 오는 장소를 피하고, 손에 병균이나 이물질이 묻은 것 같을 때 끊임없이 손을 씻는다.

불안과 싸워 이기기 위해서는 불안하다는 사실을 인정하는 것이 중요하다. 불안은 어느 정도 우리 삶에 필요하니까. 사람뿐 아니라 동물도 불안하기 때문에 주위를 둘러보며 풀을 뜯고, 아기 새를 위한 둥지를 만든다. 물론 살다 보면 이유도 없이 그냥 불안한 경우도 있다. 긴장이나 피로가 오래 쌓이다 보면 지금 불안한 까닭을 잡아내기 어렵다. 극도의 스트레스가 원인인지, 지금 처한 상황이 원인인지 혼란스럽다. 이런 혼란에는 부정적인 감정을 일단 피하고 보는 습관도 한몫한다.

불안을 인정하는 방법으로도 안 되면 하는 것이 바로 걱정 놀이다. 걱정을 걱정으로 이기는 것이다. 내가 원하는 바가 이루어졌을 때 생길 법한 걱정을 떠올려본다. '로또에 당첨되면 얼마나 번거롭고 힘들까?', '병에 걸리지 않고 혼자 오래 살게 되면 얼마나 외로울까?', '아이가 원하는 대학에 들어가면 그 후엔 또 어떤 일이 생길까?' 그러다 보면 원하는 바를 다 이루더라도 번뇌가 지속되는 것은 똑같다는 결론에 이른다. 내가 원하는 바를 이루지 못한다고 동동거리며 불안해할 필요 없다. 물론 이 방법이 누구에게나 효과적인 것은 아니다. 그래도 억지로 불안을 누르려는 노력보다는 낫다.

걱정은 어차피 실체가 없고, 마음속에서 만들어내는 것이다. 내가 빠져 있는 것과 색깔이나 모양이 다른 '새로운 부정적인 생각'으로 불안을 씻어내는 것도 방법이다. 부정적인 생각을 긍정적이고 밝은 생각으로 대체한다면 좋겠지만, 그게 안 되면 일단 다른 생각으로라도 돌려보자. 누워서 하루 종일 같은 생각에 집착하며 불안해하기보다는 차라리 거리에 나가서 더 마음에 안 드는 광경을 찾아보는 것이다. 길에서 담배꽁초를 버리는 사람을 보고 불쾌감을 느껴 보기도 하고, 내 정치적 성향과 정반대인 현수막을 찾아서 걱정을 마음껏 해보자. 하루 종일 걱정하던 그 문제에서 잠시라도 벗어날 수 있다. 적의 적은 친구인 것처럼 새로운 불안이 기존의 불안을 없앨 수 있다.

성격의 재발견

기질과 직업은
이용하는 것

사람마다 타고난 기질temperament이 있다. 본성이라고 하면 선악의 개념이 들어간 것 같으니, 기질은 마음의 체질 같은 것이라고 보면 가장 비슷하겠다. 기질은 가지고 태어나는 것이다. 환경에 의해 만들어지는 것이 아니다. 살면서 즐거움도 추구하고 위험도 피하면 좋겠지만, 두 가지 다 손에 쥐기 어려운 경우가 많다. 그때 어떤 사람은 안 좋은 것을 피하는 게 더 중요하고, 어떤 사람은 좋은 것을 취하는 게 더 중요하다. 어느 쪽을 선호하는지가 바로 기질이다.

기질이 바뀌기는 참 어렵다. 바뀌지 못하는 것을 바꾸려고 노력하기보다는 잘 바뀌지 않는 부분을 깨닫고 그 안에서 맞는 길을 택하는 편이 현명하다. 고속도로가 꽉 막혔다고 더 빠른 길을 찾는 것이 아니라, 휴게소에 들러 쉬기도 하면서 가던 길을 가는 것도 발달의 한 가지 방법이다.

5대 기질big five model, 애니어그램, 한의학의 사상체질도 결국 기질에 대한 이야기다. 정신의학과 심리학에서는 클로닝어Cloninger가 네 가지 유형으로 분류한 기질을 가장 많이 사용한다. 간단히 말하자면 다음과 같다.

- 위험 회피: 위험을 겪는 일을 회피하고 안정을 추구
- 새로움 추구: 호기심이 많아 새로운 즐거움이나 모험을 추구
- 보상 의존: 사회적 반응에 민감하여 다른 사람의 인정을 중시
- 지속성: 좌절과 피로에도 일관성을 유지하고 완벽주의를 추구

기질이 혈액형처럼 인기가 없는 까닭은 복잡하기 때문이다. 사람들이 네 가지 유형에 맞아서 "난 보상 의존형이야. 너는 위험 회피형이니?"라고 간단히 말할 수 있으면 편할 텐데, 아쉽게도 그렇지 않다. 어떤 사람은 새로움 추구와 보상 의존이 높고, 어떤 사람은 지속성과 새로움 추구가 높다. 스스로를 규정하기 위해 딱 들어맞는 유형을 '갖고 싶은' 사람들에게는 다소 실망스러울 수 있다.

- 어릴 적 옆 동네 놀이터에 갔을 때 새로운 친구들과 사귀는 것이 중요했나요? 아니면 그들과 게임해서 이기고 다른 아이들에게 인정받는 것이 중요했나요?(보상 의존)
- 처음 보는 놀이 기구를 다 타보고 싶었나요? 아니면 낯설고 힘들어서 원래 내가 늘 놀던 놀이터로 돌아가고 싶었나요?(위험 회피 vs. 새로움 추구)
- 내 키에 맞지 않는 놀이 기구 앞에서 그냥 다른 것을 타기로 결정했나요? 아니면 그 놀이 기구를 끝까지 타려고 애썼나요?(지속성)

자기 몸에 맞는 옷을 입을 때 좀 더 행복한 삶을 살 수 있다. 나에게 어울리는 옷을 찾으려면 어떤 옷이 어울릴 것이라고 분석하는 검사를 받기보다는 잠시라도 옷을 입어보는 편이 현명하다. 이를 안다고 해서 모두가 자신이 선택한 길을 체험할 기회를 가질 수는 없다. 모의 직업 체험 과정을 한다고 해도 그 직업의 고통이나 보람을 다 느낄 수는 없는 것처럼. 힘들게 공부해서 대학에 들어갔는데, 전공이 적성에 안 맞아서 바꾸려면 만만치 않은 시간과 노력이 필요하다. 따라서 평생 잘 변하지 않는다는 기질을 고려하면 실수를 줄이는 데 도움을 받을 수 있지 않을까 싶다.

네 가지 유형의 기질을 복합적으로 생각하기 어렵다면 두 가지 유형만 고려해도 좋다. 바로 성공 지향형이냐 안정 추구형이냐. 성공 지향형이라고 해서 대단한 성공이 아니라, 없던 것을 새롭게 창조하는 과정에 기쁨을 느끼는지를 살핀다. 다만 새로운 것을 창조하려면 모험이나 도전이 필수적이다. IT업계의 개발자, 방송 프로듀서, 화장품 영업, 학원 강사 등이 성공 지향형에 해당된다. 인생은 투자한 만큼 얻는 것이 중요하기 때문에 감수한 것보다도 더 많은 것을 얻어야 행복하기 쉽다. 즉, 모험과 도전이 너무 두렵거나 그에 수반되는 불규칙적일 수도 있는 삶이 싫다면 행복을 느끼기 어렵다.

잃는 것을 최소화하는 것에서 더 보람을 느끼는 경우도 있다. 의사, 경비, 서버 관리와 같은 일도 사실 새로운 것을 창조한다기보다는 안 좋은 사태를 방지하는 역할이다. 위험 회피 또는 안정 추구의 성향을 지닌다면 도움이 될 수 있다. 대신 이런 직업은 '내가 도대체 뭘 하고 있지?'라는 질문에 시달릴 수 있다. 별 탈 없이 굴러가는 일상이 내 삶의 보람이 될 수 있어야 행복을 느낀다.

기질은 평생 변하지 않으므로 기질을 바꾸기보다는 그 기질에 맞는 환경을 택하는 것이 더 좋다. 타고난 기질은 이용해야지 버려서 될 것이 아니다. 물론 기질을 보완해주는 반대의 직업에 더 끌린다는 이론도 있다. 반대의 기질을 가진 배우자를 만나 상호 보완하며 잘 살 수도 있다. 하지만 직업을 통해 자신에게 부족한 기질을 기르겠다는 식으로 진로를 정하는 것은 반대한다. 기질에 맞는 일을 하는 편이 낫다. 취미도 아닌 밥벌이를 통해 기질을 고친다는 것은 굉장히 가혹하다. 다른 기회를 통해서도 나를 보완할 수 있는 방법은 얼마든지 있으니까. 내 기질에 맞아 잘할 수 있는 일, 오랫동안 해도 괴롭지 않은 일을 택해야 한다. 안 그래도 일을 하다 보면 지겹거나 하기 싫을 때가 많은데, 일을 통해 내 존재까지 변화시켜야 한다면 고통이 너무 크지 않을까.

그 누구도 과거를 바꿀 수 없다

우울증이나 공황장애 등 정신건강 문제는 대부분 내 탓으로 생기지 않는다. 하지만 때로는 한번 삐끗했을 때 그다음 번의 선택으로 문제가 더 심해지기도 한다. 자녀가 아픈 것은 내 잘못이 아니다. 그런데 그 괴로움을 잊기 위해 술이나 게임, 도박에 빠진다면 나중에는 마치 내 잘못처럼 되어버린다. 사람들에게 상처받은 것은 내 잘못이 아니다. 그런데 갈등이 두려워 모든 것을 그만두고 숨어버리면 마치 나는 원래 피하는 사람처럼 되어버린다.

우울한 성격이나 중독적 성격을 고치고 싶다고 한다. 어떤 문제가 오래 지속되면 마치 성격처럼 보일 수 있기 때문이다. 사실 그런 성격이란 없다. 중독에 빠지기 쉽거나 우울해지기 쉬운 성격이 있다고 알려져 있으나, 이를 반박하는 학자도 많다. 나도 그런 성격은 없다고 생각한다. 오래되어서 성격처럼 생각하는 것일 뿐.

만약 성격이라면 고칠 수 없다. 성격은 받아들이고 살아야 하는 것이다. 성격장애나 인격장애 역시 어떤 쪽으로 조금만 가면 좋았을 특성이 너무 과도한 경우이므로 그런 성격이 극단적일 때 나타나는 현상들(자해나 심한 의존)을 치료하는 것이지 성격 자체를 바꾸는 것은 아니다. 오히려 "성격을 바꾸고 싶어요"라는 바람 속에 현재의 자신을 용납하지 못하는 마음이 숨어 있다.

우리는 왜 오래된 친구와 같은 기질이나 성격을 고치고 싶어 할까? 여러 가지 원인이 있겠지만, 과거에 대한 되새김질이 가장 큰 원인이 아닐까 한다. 일상생활에서 자기 자신과 타인에게 행하는 크고 작은 잘못에 대해 스스로 점검하는 것은 꼭 필요하다. 자기 반성과 점검을 적절하게 한다면 더 나은 삶을 살 수 있고, 같은 실수를 반복하지 않을 수 있다. 그런데 자기반성과 되새김질은 다르다. 가령 별일 아닌데도 아이에게 불같이 화를 내고 심한 말을 했다면 '내가 왜 이랬지'라고 자책하기보다는 그 과정을 되짚어보는 것이 좋다. 아이에게 화를 낼 당시 시댁 행사를 고민하느라 신경이 날카로워지고 피곤한 상태였다는 원인 분석과 더불어 아이에게 미안하다고 사과하는 것이 낫겠다며 지금 할 수 있는 일을 찾는 것이다.

특히 당시의 감정(분노, 슬픔, 공포, 혐오, 역겨움, 놀람, 기쁨)과 생각(나를 무시하는 것 같았다, 내가 초라해 보였다)을 구별해서 돌아볼 수 있다면 더욱 좋다.

감정은 어쩔 수 없는 것이므로 스스로 인정하고, 꼭 고치지 않더라도 감정에 이름 붙이기labeling만으로 도움이 된다. 우리가 화났다고 말하는 많은 상황이 실은 불안과 초조가 심한 상태에서 작은 자극으로 인해 발생한다. 주된 감정이 분노인 줄 알았는데, 실은 불안이 먼저인 것이다. 생각에 대해서도 당시 잘못한 생각한 부분은 없었는지, 너무 과한 부분은 없었는지 점검해본다. 만약 피해 의식으로 가득 찼다거나, 돌이켜봐도 말이 안 될 만큼 비합리적이라면 조금 더 나은 생각을 찾아보는 것이 좋다. 이미 소리를 지르고 화를 내버려서 늦었다고 할지라도 늦은 게 아니다. 이번에 바꿔보면 다음번에는 좀 더 합리적인 대안을 바탕으로 행동할 수 있다.

과거에 대한 끊임없는 되새김질로 힘든 사람들은 정말로 내가 잘못한 일에 대해 곱씹는 것이 아니다. 이상하게도 반복해서 곱씹는 일일수록 실제로는 자기 잘못이 없는 경우가 대부분이다. 배우자가 외도했을 때 '내가 잘했으면 저 사람이 외도를 안 했을 텐데'라든가 '빨리 알아채지 못한 내가 바보야'라는 생각으로 하루 종일을 보내는 사람도 있다. 자신을 비난하면 반추rumination는 더욱 심해진다. 배우자가 미묘한 변화가 있었는지, 도대체 언제부터 그랬는지를 혼자 상상하고 자꾸 그려본다. 그리고 그 과정에서 어렵사리 0.1퍼센트의 '내 책임'을 찾아 계속 힘들어한다.

오래전 나도 사기를 당한 적이 있다. 이제 와 돌이켜보면 너무 교묘하게 계획을 세워놓고 접근한 것이라 그 분야 지식이 없는 사회초년생으로서는 당할 수밖에 없었다. 그러나 이런 결론을 내기까지는 꽤 오래 걸렸다. '왜 그때 똑똑하게 처신하지 못했을까?', '그때 좀 더 꼼꼼히 물어봤더라면 어땠을까?', '주변 사람들에게 의논했더라면 그 일이 생기지 않을 수 있었을까?' 등 부질없는 가정을 반복했다. 오랜 시간이 지난 지금은? 사기당한 것보다도 내 자신을 추궁하고 비난했다는 점이 더 안타깝다. 자기 비난의 힘은 강력해서 내 삶이 전부 잘못되었다는 생각까지 뻗칠 수 있으니까.

반추의 무서움에 대한 연구 결과도 있다. 예를 들어 우울증에 걸린 두 사람이 있다고 하자. 현재를 즐기고 감사하며 사는 것이 좋지만, 안타깝게도 두 사람 다 그렇지는 못하다. 한 사람은 앞날에 대해서 자꾸 걱정하고 불안해한다. 또 다른 한 사람은 자꾸 뒤를 돌아보면서 과거를 곱씹고 반복적으로 옛날 일만 떠올린다. 이때 과거를 돌아보는 사람이 오히려 우울증을 극복하기 어렵다. 다가올 미래를 부정적으로 예측하는 게 좋은 것은 아닌데, 과거에 대한 후회와 죄책감이 더 강력하고 어두운 힘을 지니고 있나 보다.

뒤를 아예 돌아보지 않고 살기는 어렵다. 정말로 내가 잘못한 일과 단지 운이 없어 빗어진 일을 구분하는 지혜가 필요하다. 털면 먼지 안 나는 사람 없다. 고화질 카메라로 과거를 들여다본다면 내 잘못이 아닌 것까지도 몰아붙여서 '나는 역시 못난 사람이야'라는 슬픈 결론에 이르게 된다. 어쩌면 지난날이란 누구에게나 슬픈 것이다. 아름다웠던 과거는 다시 돌아갈 수 없어서 슬프고, 힘들었던 과거는 떠올릴 때마다 그때의 아픔을 다시 경험해서 슬프다. 다만 한 가지, 절대로 과거로 돌아갈 수 없다는 점에서 평등하다.

끈질기게 따라다니는
트라우마의 그림자

트라우마는 어떤 외부의 사건에 의해서 몸 또는 마음에 충격을 입은 상태를 의미한다. 이러한 트라우마라는 말이 조금 과도하게 쓰이지 않나 싶을 때가 있다. 정신적으로 충격을 받았다고 전부 트라우마는 아니다. 정신적 외상으로서의 트라우마는 죽음에 대한 위협 또는 그에 준하는 공포를 느끼는 정도가 되어야 한다. 직접 겪는 일뿐 아니라 목격하는 일도 해당된다. 트라우마의 종류는 자연재해, 성폭행, 교통사고, 가정 폭력, 가족의 죽음 등 다양하다. 전통적 의미의 트라우마large T뿐 아니라 계속 긴장 상태에 놓이게 하는 작은 트라우마small t도 인격을 바꾸고 삶을 위협할 수 있다. 죽음의 공포까지 느끼지 않았다고 할지라도 몸이 그 사건을 기억해서 현재처럼 받아들이고 불안과 긴장을 느끼는 경우를 작은 트라우마라고 부르기도 한다.

트라우마의 속성에서 가장 중요한 것은 시간의 뒤틀림이다. 과거인 동시에 곧 현재다. 즉, 충격적인 사건이 너무 생생한 나머지 과거의 일인데도 현재에 다시 일어난 것처럼 느낀다. 지나간 일인지, 지금 일어나고 있는 일인지, 앞으로 다가올 일인지 헷갈린다. 부모가 늘 비난하고 창피를 주었던 기억 때문에 괴롭다는 사람에게 "중요한 순간마다 생각나서 힘들다고 하신 일은 언제 일어난 일인가요?"라고 물으면 1) 과거 2) 현재 3) 미래 4) 모르겠다 선택지 중에 과거를 고를 수 있다. 지나간 일이라는 것을 머리로는 알고 있으나, 몸으로 마치 그렇게 느낀다는 뜻이다.

많은 사람이 잊어야만 극복한다고 생각한다. 하지만 정말로 잊기는 힘들다. 그렇다면 어린 시절 몸에 밴 기억, 습관, 애착 유형을 어떻게 극복할 수 있을까? 어린 시절을 극복하는 것은 어떤 의미일까? 세 가지로 생각해보았다.

첫 번째는 반복하지 않는 것이다. 술을 마시고 집에 들어와 엄마와 자신을 때리고 물건을 때려 부수던 아버지를 증오하면서도 자신 역시 술에 빠져 사는 분이 있다. 일이 끝나면 거의 매일 술을 마시고 집에 들어와 가족들을 불러서 이런저런 대화를 하다가 잠이 든다. 본인은 대화라고 생각하지만, 자녀는 술주정을 듣는 것이 괴롭다. '난 술을 좀 좋아할 뿐이야. 아버지처럼 자식들을 때리는 것도 아니고, 욕하지도 않으니 아버지보다는 내가 낫지'라고 합리화한다. 아들과 딸을 차별했던 엄마에게 상처받았으면서 딸에게 똑같이 대하는 엄마가 되기도 한다. '아들과 딸을 똑같이 공부시켰으니 엄마보다는 내가 낫지'라고 생각하며 말이다.

미워하는 가해자를 닮는 것은 충분히 있을 만한 일일 뿐만 아니라 굉장히 흔한 일이다. 학교 폭력 가해자들의 80퍼센트 이상이 피해자였던 경험이 있다. 트라우마에 대한 반응 중에 흔한 것이 재경험re-experience이다. 재경험은 충격을 받았던 사건을 다시 경험하는 것을 의미한다. 좀 더 이해하기 쉬운 예는 영화에 나오는 것처럼 생생하게 그 당시의 장면이 펼쳐지는 플래시백이다. 그러나 재경험이 시각적으로 펼쳐지지만은 않는다. 무의식중에 그때로 돌아가려는 습성이 있기 때문에 본인이 그 상황을 반복하기도 한다. 사람이란 참 이상한 존재다. 그렇게 고통스럽고 힘든 경험을 반복해서 자신이 경험한 트라우마와 거의 비슷한 상황에 처하려는 무의식적인 행동을 한다. 단, 예전과는 다른 정반대의 역할을 맡으려고 한다.

시집살이를 심하게 한 사람이 며느리에게도 심하게 한다. 보고 듣고 경험하는 것은 이처럼 무섭다. 싫어하면서도 닮기가 쉽다. 자신에게 상처를 준 사람의 행동을 반복하지 않는다면 적어도 절반 이상 어린 시절의 경험을 극복한 것이다. 내가 싫어하는 부모의 모습을 닮지 않은 것을 당연하게 여기지 말아야 한다. 가장 눈물겨운 성공담이다.

부모와 반대로 살고 싶은 마음에 극단적으로 정반대를 택하는 경우도 있다. 부모가 하나하나 간섭하고 사교육으로 옭아매던 것이 싫어서 자녀에게 극단적으로 자유를 주는 육아를 택하는 것이다. 나는 '관성을 지닌 고무줄의 법칙'을 믿기에 정반대를 택하고 실제로 그렇게 사는 사람은 적다고 생각한다. 실제로 부모에게 심하게 트라우마를 받거나 불안정 애착을 형성하는 경우 그대로 닮는 사람이 훨씬 많다. 반대쪽으로 가려는 시도는 자의식이 굉장히 발달해야 가능한 데다 실패하기가 쉽다. 중요한 것은 중용이다.

경험을 반복하지 않는다는 점에서 또 한 가지 중요한 점은 자신이 싫어하던 부모와 닮은 배우자를 만나지 않는 것이다. 부모를 선택할 수 있는 사람은 없지만, 배우자를 택할 수는 있다. 알코올 중독인 아버지 아래서 자란 딸이 알코올 중독인 남편을 만날 확률은 평범한 아버지 아래서 자란 딸이 알코올 중독인 남편을 만날 확률보다 세 배 높다. 아버지가 술을 마시고 가족을 때리는 모습을 보면서 얼마나 힘들었을까? 그런데도 그런 선택을 한다. 그래서 무의식이 무섭다고들 한다. 학대하거나 옆에서 말리지 않는 부모 아래서 자랐음에도 안정 애착을 가진 사람과 만나 새로운 가정을 꾸렸다면 그것만으로도 성공한 삶이다.

두 번째는 주변에 공감하며 사는 것이다. 어린 시절에 큰 트라우마 또는 작은 트라우마를 겪으면 이 세상이 위험한 곳으로 느껴져 건강한 관계를 맺기 어렵다. 실제로 트라우마를 겪은 사람 중에 친구나 연인을 만들기는 어려워하는 반면에, 엉뚱한 관계에 집착하는 경우를 종종 본다. 불안을 제대로 치료하지 않았기 때문이다. 위험한 세상을 외롭게 헤쳐 나가야 하는 내가 너무 불쌍하니 마치 남의 불행은 아무것도 아닌 것으로 여긴다. '내가 겪은 고통에 비하면 저 정도 고통은 힘든 것도 아니야'라고 생각하는 것이다. 그 결과 공감해야 하는 상황에서 멍해지기도emotional numbing 한다. 불안이 굉장히 오래 지속되었을 때의 반응이다. 길을 가다가 엄청 빠르게 자전거가 돌진해오면 얼른 피하는 데 반해, 누군가 총을 겨누면 움직이지 못하고 그 자리에 얼어붙는 것처럼. 어느 정도의 불안에서는 맞서 싸우거나 아예 피해버리는(투쟁 또는 도피fight or flight) 것 중에 하나를 택한다. 하지만 심한 불안 상태에서는 투쟁과 도피 둘 중에 아무것도 택하지 못한다.

세 번째는 자신을 용서하는 것이다. 트라우마를 겪은 사람의 뇌에는 공포에 쉽게 활성화되는 회로가 따로 생긴다. 비슷한 경험에도 쉽게 불안해진다. 어릴 적 "너 이런 식으로 하면 엄마가 너 놓고 가버린다"라는 말을 자주 들었던 사람은 연인 관계에서 말다툼했을 뿐인데, 그 사람이 떠날 것 같은 불안에 휩싸이기 쉽다. 어릴 적 엄마가 없을 수도 있는 상황에 대한 공포를 다시 느낀다. '엄마가 툭하면 나를 버리고 간다고 협박했기 때문에 지금 내가 그때의 불안을 다시 경험하면서 연인이 떠날까 봐 두려워하는 거야'라고 생각하는 사람은 없다. 우리는 스스로의 생각을 늘 똑바로 바라보면서 살지 않는다. 늘 똑바로 바라본다면 피곤할 것이다. 그러나 반복적으로 힘들게 하는 상황이 있다면 생각, 감정, 행동 등 각 서랍으로 분류해서 살펴보는 것도 필요하다.

머릿속에는 생각과 감정이 뒤엉켜 있다. 큰 사건이든 조그맣게 반복되는 사건이든 어릴 적 공포를 많이 느꼈다면 작은 자극에도 쉽게 흥분하고, 위험을 실제보다 심하게 느끼기 쉽다. 그러다 꾸준한 치료 또는 새로운 경험을 통해 비로소 새로운 신경회로를 생성해서 본래의 합리적인 불안 반응으로 돌아간다. 즉, 과도한 공포 반응을 없애는 것은 그 반응을 지우는 것이 아니다. 정상적으로 적당하게 움직이는 회로를 새롭게 생성하는 것, 지우는 것이 아닌 덧칠하는 것이다. 우리 뇌는 상처를 잊을 수는 없어도 용서할 수는 있다.

때로는 피해자와 가해자가 뒤바뀌기도 하며, 피해자에게 책임을 묻는 경우도 있다. 심한 충격을 받으면 트라우마를 일으킨 사건에 대해서 자기 탓을 한다. 하필 그 순간에 횡단보도를 건너서 트럭에 치였다거나, 다른 사람을 거절하지 못한 성격 탓에 왕따를 당한 내 잘못인 것 같다. 안타깝게도 이런 죄책감으로 인해 트라우마는 마음속 더 깊이 새겨진다. 그래서 자기 탓이 아닌 자연 재해보다도 인위적 재난을 겪은 후에 생긴 외상후스트레스장애가 더 오랫동안 낫지 않는다.

더 이상 무력한 책임자 역할에 머무르지 않는 것이 진정한 자기 용서다. 진짜 피해자라면 스스로를 탓해서는 앞으로 나갈 수 없다. 늦은 밤에 혼자 길을 걸었다고 해서 성폭행의 피해자가 되어도 마땅한 것은 아닌 것처럼. 우리가 개인의 문제로 돌리는 일에 대해서도 개인의 문제로만 치부할 일은 결코 아니다.

우리를 보호하는 고정관념

고정관념의 범위 좁히기

나이가 들면 고정관념이 강해지고 범위도 넓어진다. 뇌에 많은 경험을 쌓았기 때문이다. 조지 베일런트가 에릭슨의 발달 단계에 추가한 '의미의 수호자' 단계는 중년 이후 전통이나 문화 등 과거의 가치를 지키는 역할을 스스로 한다는 의미다. 정치적인 부분뿐 아니라 자신이 익힌 문화적 유전자meme를 전달할 의무감을 느끼고 그 역할에 충실하려고 한다.

신나고 짜릿한 것을 추구하기보다 지금 갖고 있는 것을 잃지 않는 쪽으로 뇌가 발달하는 탓에 새로운 자극이 나타나면 부정적인 부분을 먼저 바라본다. 교통사고를 당해 본 사람은 멋진 스포츠카가 지나갈 때 넋을 잃고 바라보지 않는다. 횡단보도에서 약간 물러서서 빠르게 달리는 차가 위험하다고 생각한다. 사실 우리는 사고나 질병, 미처 알지도 못하는 사이 큰일 날 뻔한 위기에서 살아남아 여기까지 왔다. 따라서 위험에 대처하는 뇌 회로가 먼저 깜빡인다. 한 발짝 물러서는 엄마는 오히려 한 발짝 다가가는 다 큰 아들에게 잔소리를 한다.

고정관념이나 편견이 무조건 나쁜 것은 아니다. 삶의 여러 가지 위협으로부터 우리를 보호한다. 특히 스스로가 어떤 사람인지에 대한 인식은 어느 정도 우리를 보호한다. 알림장 준비물을 자주 잊어버려서 눈에 띄는 곳에 포스트잇으로 붙여놓는 행동, 친구들이 병을 앓기 시작하면서 술이나 담배를 끊는 행동 등의 고정관념이 그렇다.

우울증이나 불안장애를 앓고 있는 경우 고정관념이 우리를 보호한다기보다는 더 해칠 수 있다. 너무 극단적인 사례를 들어서 고정관념을 만드는 탓에 생활에 불편함이 많다. 충격을 받은 사람들이 겪는 여러 반응 중에 자극 일반화(부정적인 경험을 겪었을 때와 유사한 상황에서 불안과 공포를 느끼는 것)는 내가 겪은 자극의 원인을 확대 해석해서 일어난다. 폭력적인 아버지 아래서 자랐거나 성희롱하는 남자를 만났다고 해서 '남자들은 다 폭력적이고 파렴치하다'

라고 단정 짓는 사람들이 있다. 여러 남자를 동시에 만난 여자에게 상처받은 나머지 '여자들은 원래 다 그래'라고 판단하는 사람들도 있다. 이렇게 받아들이면 더 안전해질 수는 있겠지만 훨씬 불편하다. 이 세상에 여자도 30억 명이 넘고, 남자도 30억 명이 넘는다. 길을 걷기도, 일을 하기도, 사람들을 사귀기도 어렵다.

자극 일반화를 극복하고 고정관념을 합리적인 범위로 좁히기 위한 정보는 많다. 구글링을 해도 되고, 익명의 커뮤니티에 글을 올려도 된다. 물론 책을 읽어서 새로운 인식으로 바꿀 수 있다면 더욱 좋다. 성희롱을 일삼는 직장 상사를 경험한 후 남자가 전부 그렇다는 편견에 사로잡히면 결국 내 생활이 불편해진다. 전부 다 그렇다고 여기는 것보다는 관련 있는 요소만 조심하도록 진짜 위험한 요소와 그렇지 않은 요소를 구별하는 것이 필요하다.

좀 더 좁은 범위의 고정관념에 대해 생각해보자. 성희롱을 일삼는 사람은 성추행 등을 저지를 확률이 높다. 이는 명백하게 증명된 것이므로 이 정도 고정관념은 가져도 괜찮다. 그런 사람에 대해서 조치를 취하거나, 증거가 부족하다면 증거를 수집할 방법을 궁리하거나, 되도록 피하거나 하는 갖가지 방법을 택할 수 있다. 적어도 남자가 다 그렇다는 편견만큼 내 삶을 불편하게 만들지는 않는다.

무조건 고정관념을 버리라는 것이 아니다. 좁히는 작업이 필요하다. 그런데 이런 자극 일반화는 스스로 깨닫기 어려운 경우가 많다. 나 역시 가만히 앉아서 글을 쓰거나 혼자 생각하는 것만으로는 고정관념을 깨기가 참 힘들었다. 결국 도움이 되는 것은 책을 읽고 토론하는 과정이었다. 그 밖에 쓴소리를 해줄 수 있는 친구, 상담이나 심리치료를 통해 고정관념을 좁히는 사람도 있다. 고정관념 범위를 좁히는 것을 혼자 하기 어렵다고 해도 원래 어려운 일이니 스스로를 너무 탓할 필요는 없다.

성별과 노화에 대한 시간차

성性과 성 역할에 대한 부분을 생각해보자. 그동안 사회적인 억압으로 여자다움이나 남자다움이 생겨났다는 주장이 많았다. 이후 성 고정관념의 상당 부분이 생물학적으로 정해진 것이라는 결과가 더 많이 나왔다. 개인차가 있겠지만 그렇게 가르치지 않아도 남자아이들은 공간 감각이 뛰어나고 자동차를 좋아한다. 여자아이들은 언어성 지능이 뛰어나고 분홍색을 선호한다. 단순히 취향의 문제를 넘어서 청소년기부터는 스스로 남자다움이나 여자다움에 대한 인식이 강해진다. 물론 타고난 것과 다른 성별을 인지하는 경우인 트랜스젠더나 이분법적이지 않은non-binary 젠더 정체성을 가진 사람들도 있다. 그러나 이 경우에도 청소년기나 적어도 초기 성인기에 자신의 성 정체성을 확립한다는 점은 비슷하다. 즉, 성 정체성은 어른 이전에 인지한 그대로 평생을 간다. 우울이나 혼란으로 성 정체성에 혼란을 겪는 경우는 극히 드물다.

성 정체성을 확립하는 청소년기가 지나 어른이 되면 내가 어떤 여자로 사느냐 또는 어떤 남자로 사느냐의 문제가 더 중요하다. 성별이나 나이는 어쩔 수 없이 우리가 나와 다른 사람에 대해 가장 먼저 인식하는 특징이다. 실제로 30대까지는 성호르몬의 분비나 대사가 왕성하고, 신체 조건에서도 여성으로서 또는 남성으로서의 자신을 확인하기 쉽다. 다른 성별이었으면 못 해볼 일을 가장 많이 해볼 수 있는 것도 20대나 30대가 아닐까 한다. 하지만 너무 남자다운 남자 또는 여자다운 여자를 계속 고집한다면 나이가 들수록 힘들어진다. 사람들 대부분은 늙어간다고 느끼면 스스로를 매력적이지 않은 사람으로 본다. 신체의 노화에 국한되는 것일 뿐 오히려 중년이 되면 자신감이나 융통성 같은 부분은 실제로 더 좋아지는데도 말이다.

여자들이 중년기에 나이가 드는 것을 훨씬 더 두려워한다는 연구 결과를 보자. 흰머리가 나거나, 주름이 생기거나, 복부에 비만이 생기는 등 남녀의 공통된 신체적 변화에 대해 여성이 더 부정적이었다. 10대 및 20대에서도 남성보다는 여성의 노화에 대해 이미

지가 더 안 좋았다. 몸의 변화만으로 판단력이나 신체 기능이 떨어진다고 판단했다. 어쩌면 사회에 퍼져 있는 이런 고정관념을 알기에 늙어 보이지 않으려고 보톡스를 맞는지도 모른다. 안티에이징 화장품이나 주사에 대해서도 여성을 모델로 한 광고가 훨씬 많다.

남성과 여성의 노화에 대해 이중 기준이 있는 까닭이 뭘까? 여성의 노화에 대해 우리 사회가 엄격한 기준을 들이대는 까닭은 여성은 경제력이 있는 연상의 남성을 성적인 파트너로 선호하고, 남성은 연하의 여성을 성적인 파트너로 선호하는 것과 관계있다고 한다. 나는 이런 이론이 때로는 너무 잔인하지 않은가 싶다. 남성과 여성이 만나는 것이 꼭 결혼하거나 연애할 대상으로서는 아니지 않은가. 그냥 친구일 수도 있고, 업무상 협조하는 사이일 수도 있듯 자손 번식을 염두에 두는 것은 아니지 않은가. 성별을 대상화해서 성적인 대상으로 바라보는 시각을 벗어나야 학교나 직장 등에서 편하게 지낼 수 있다. 대부분의 이성은 서로에게 성적인 대상이 아니다.

출산과 육아에서 굉장히 중요한 역할을 담당하던 30대가 지나면 여성으로서의 역할이 사라졌다고 보는 것도 성 역할에 대한 고정관념 탓이다. 물론 실제 몸의 차이도 있다. 여성은 쉰 살 무렵 폐경이 되면서 급격하게 갱년기를 겪는 반면에, 남성은 70대까지 서서히 남성 호르몬이 감소하니까. 즉, 여성한테는 2년 만에 일어나는 일이 남성한테는 20년간 일어난다. 성별을 떠나서 나이가 든다는 것은 여러모로 불리하다. 겉으로 볼 때 예전보다 덜 좋은 조건에서 사람을 만난다거나, 원하는 분야의 일자리를 찾는 데 확률이 낮아진다. 그 사이 경험을 쌓아서 좋은 위치에 오르기도 하지만, 아예 새롭게 시작해야 하는 경우도 있다.

시간의 흐름에 따라 잃는 것을 메우기 위해 억지로 젊어지려는 노력이 삶을 더욱 어색하게 만든다. 늘 좋은 조건에서 삶을 살 수 없는 것처럼 말이다. 지금보다 좋은 집안에서 금수저로 태어났더라면 참 좋았을 것이다. 그러나 그렇게 하지 못했다고 불평만 한다면 앞으로 잘 살기 어렵다. 그런 면에서 노화는 굉장히 공평하다. 어릴 적부터 예측할 수 있었던 당연한 변화로서 놀랄 필요 없다. 앞으로 더 나이가 들어갈 것이다.

나이가 들어가면서 많은 사람이 내가 이제 쓸모없어졌다고 느낀다. 이런 느낌은 자신의 성 역할을 상실하는 것과 관련이 깊다. 그런데 남성 또는 여성으로서 했던 역할이라는 것이 다른 성별이 해도 되는 일이었다. 여성들이 잘 겪는 빈 둥지 증후군(돌보던 자녀들이 독립을 하면서 겪는 허전함)도 결국 양육이 전적으로 내 몫이라는 성 역할에 대한 고정관념 때문에 더 심해진다. 남성들이 겪는 은퇴 증후군도 마찬가지다. 전통적인 가정에서 가족을 부양하지 않으면 내 역할이 없다는 고정관념 때문이다. 에릭슨이 중년에 이룰 과제로 생산성과 침체를 이야기했다. 눈에 보이는 결과가 많으면 만족스럽고, 결과가 없으면 실패한 시기가 아니다. 내가 열심히 살아온 작은 결과물을 확인하고 감사할 수만 있어도 행복하다. 자식은 어차피 떠나고, 젊음을 바친 기업이란 곳은 나를 버리고, 어떤 친구는 떠나가는 와중에 결과물은 무엇인가? 바로 나 자신밖에 없다.

자료의 해석이 중요하다

부유하면 행복할 것이라는 고정관념은 아주 틀리지 않다. 경제적 수준과 행복이 아예 관련이 없는 것은 아니다. 주거 환경이 안정되지 않아 1년에 몇 번씩 이사를 해야 한다거나, 급여가 자주 밀리는 직장에서 일하면 아무리 긍정적 사고방식을 가진 사람이라도 행복하기 어렵다. 심지어 교육 수준도 행복과 관련이 있다. 얼마나 좋은 대학을 가느냐에 따른 차이가 있다는 의미가 아니다. 학교에 가지 못하거나 글을 못 배우면 삶의 만족도는 확실히 떨어진다는 뜻이다. 실제로 고등학교를 졸업한 사람은 초등학교를 졸업한 사람보다 행복할 확률이 높다.

이런 자료를 보고 '역시 돈이 최고다'라고 판단할 수도 있고, '결식아동이 많거나 학교가 없는 마을에는 도움이 필요하겠구나'라고 느낄 수도 있다. 돈 많은 사람도 아픔과 걱정이 있고 속앓이를 한다는 이야기를 접하면 은근히 안심하곤 한다. 경제적으로 풍족하면 더 행복할 것이라고 은연중에 생각하기에 부자의 불행과 빈자의 불행을 평등하게 바라보지 않는 것이 아닐까 싶다.

더 행복하고 가치 있게 살기 위해 어느 정도 조건이 갖춰져야 한다는 것은 어쩔 수 없다. 통계적으로는 신체가 건강할 경우, 정기적인 문화나 종교 활동을 지속할 경우, 배우자가 있는 경우, 16세 이전에 부모님이 모두 살아 계셨을 경우 행복할 가능성이 더 크다. 물론 이는 단지 확률에 불과하다. 어느 정도 이상일 때는 사실 행복과 크게 관계없다는 공통점이 있으며, 이런 조건이 모두 갖춰져도 불행한 사람도 있다.

몸이 불편하거나 부모님을 잃었다고 불행하다는 뜻은 아니다. 50년 이상 여러 인생을 추적하여 행복과 관련된 요소를 찾은《행복의 조건》에서 보듯 20대에는 그렇게 불행해 보이던 사람이 50대에는 행복을 찾기도 하며, 때로는 그 반대가 된다. 타고난 부분도 있겠지만, 의지와 노력도 관여한다. 로또에 당첨되는 것과 같은 엄청난 행운보다는 매일 30분씩 걷는 것과 같은 오랫동안의 습관이 더 도움이 된다. 집에서 은둔하며 단절된 삶을 사는 것보다는 주변 사람들과 의미 있는 관계를 지속하는 것이 좋다고 한다. 나는 여기서 '의미 있는 관계'라는 대목이 굉장히 중요하다고 생각한다. 거의 매일 모임과 약속이 있어도 속마음을 숨긴 채 교육에 대한 정보만 얻거나 명품을 자랑하는 자리라면, 그저 혼자 있기 불안해서 나가는 자리라면 오히려 더 행복에서 멀어지는 길이 될 것이다.

바꿀 수 있는 것을 바꾸는 용기와 바꿀 수 없는 것을 받아들이는 평온함이 조화를 이룰 때 더 행복해질 수 있지 않을까. 똑같은 자료를 보고도 사람들은 다르게 받아들인다. '가계 월 소득 600만 원 이상에서는 행복감에 차이가 없었다'는 문장을 통해 무엇을 생각할 수 있을까. '행복은 돈에 의해 좌우되지 않는구나'라고 생각하는 사람도 있고, '역시 600만 원을 벌지 못하면 행복하기 어렵다'라고 흑백의 논리로 생각하는 사람도 있을 것이다. 뉴스와 신문은 진실보다는 그때그때 각자 하고 싶은 이야기를 전한다. 그것을 제대로 읽지 않고 스마트폰을 휙휙 넘기면 불행해지기에 딱 좋다. 무엇이든 제대로 읽어야 한다. 자료를 받아들이는 데 마음은 정말 중요하다. 어두운 숲 속에 스쳐 가는 바람 소리처럼 불확실하게 파악한 채로 그냥 남겨둔다면 별것 아닌 것도 두려움을 불러올 수 있기 때문이다.

부족함도 기꺼이 받아들이는 태도

창의성은 사람을 행복하게 할까?

우리는 모든 것을 갖추기를 원한다. 성적이 우수하고, 다른 사람들과 잘 지내며, 창의성이 뛰어나면 더할 나위 없이 좋을 것 같다. 창의성은 문제를 새로운 방식으로 해결할 수 있는 힘이다. 전통적인 지능검사에서는 이런 부분을 잘 측정하지 못했으므로 소위 '머리가 좋다'라고 표현할 때 창의성이 과소평가되었던 적도 있다. 아직도 지능검사에 집착하는 사람들도 있기는 하지만, 적어도 창의성이 중요하다는 사실은 다들 알고 있다. 창의성을 키우기 위해 애쓰는 것은 당연한 일이 되어버렸으며, 그 필요성에 의문을 가지는 것은 이제 어색하다.

요즘 창의성을 강조하는 까닭은 남보다 잘난 위치에 있고 싶은 소망 때문이다. 누구나 남 밑에서 기계적으로 일하는 것보다는 리더의 자리에 앉기를 원한다. 리더가 되고 싶다고 해서 다 될 수 없을뿐더러 리더를 좇는 사람들도 잘 사는데 말이다. 일이 인생의 모든 것은 아니다. 바쁜 리더로서의 삶을 살기보다는 반복적인 일을 하더라도 일 이외의 시간을 확보하여 가족들과 잘 지낼 수 있다면 그것 또한 삶의 보람일 수 있다.

뛰어나지 않아도 삶은 충분히 의미가 있다고 굳이 설득하지 않아도 결과는 마찬가지다. 암기력이나 순발력 등 다른 재능으로도 충분히 잘 살아갈 수 있으니, 창의성이 부족하다고 실망할 필요 없다. 전통적으로 안정적인 급여를 보장하는 직종은 단순 암기 및 반복적인 학습을 통해 자격을 취득할 수 있는 경우가 대부분이다. 창의성이 뛰어나면 삶이 재미있을 것 같지만 꼭 그렇지도 않다. 반복적인 일상을 견디기 어려워하는 탓에 이직이 잦은 데다 저축액이 적다. 창의성이 높은 젊은이들은 자신의 능력을 처음부터 발휘하기 어려운 사회 구조에서 불행을 느낄 때가 많으며, 회사 동료나 경쟁자들이 일을 처리하는 방식에 불만을 가지기도 한다.

창의성이 필요 없다는 이야기가 아니다. 우리가 흔히 좋다고 생각하는 것에 대해 예를 들었을 뿐이다. 어떤 옷이든 자기에게 맞는 것이 가장 중요하다. 자식에게 공부만 시킨다고 해서 헬리콥터맘이고, 창의성과 교우 관계를 강조하는 부모라고 해서 반드시 옳은 것은 아니다. 맞지 않는 옷을 자꾸 입히면 자존감이 떨어질 수 있다. 억지로 개발시키는 것은 무엇이든 부작용이 따른다. 당연히 좋다고 여기는 것에도 양면성이 있다. 가지지 못한 것을 개발하려고 애쓰기보다는 내가 가진 것을 바라보는 편이 더 낫다. 특히 내가 부족한 부분을 자녀에서 억지로 완성하려는 것은 심각한 부작용을 낳는다.

환경에서 자유로울 수 없어

정신과에 오신 분들은 감정의 기복이 생기는 까닭에 대해 자주 묻는다. 기분, 행동, 생각은 환경의 영향을 받는다. 그런데 이 환경은 상처가 되는 말을 듣거나, 충격적인 일을 겪는 등의 심리적인 환경만을 의미하지 않는다. 기후, 육체적 피로, 호르몬도 마음에 영향을 끼친다. 계절과 우울증의 상관관계는 높은데, 여기에는 일조량이 큰 영향을 끼친다. 열대에 위치한 가난한 나라는 자살률이 낮은 데 반해, 사회 복지가 잘되어 있는 살기 좋은 북유럽은 우울증 환자가 많다. 그만큼 햇빛은 기분 변화를 좌우하는 요인으로, 꾸준히 쬐면 기분 변화를 예방하는 데 좋다.

겨울에 햇볕을 쬐고 우울증이 좋아지는 효과를 얻으려면 여름보다 두세 배의 시간이 필요하다. 단시간에 효과를 나타낸다기보다는 장기적 예방 효과도 있어서 곧 다가올 겨울을 위해 가을에 햇볕을 많이 쬐면 좋다. 신기하게도 집 안에서 햇빛을 보는 경우 우울증 예방 효과가 떨어진다는 연구가 있다. 유리창 때문이라는 의견도 있지만, 최소한 밖에 나가서 햇빛을 보는 정도의 노력과 함께할 때 더 효과가 있는 것은 아닐까 싶다.

일교차가 크면 감정 기복이 커진다. 특히 낮 최고 기온이 높을 때 예민해지거나, 충동적으로 행동할 확률이 높다. 공황발작 역시 일교차가 클 때 더 많이 생긴다. 매일 바뀌는 날씨와 기분의 상관관계에 대한 연구는 거의 없다. 다만 저기압일 때 편두통이 심해지고 간질 발작이 늘어나는 것을 보면, 기압도 뇌세포나 호르몬의 흐름에 영향을 미치는 듯하다. 할머니들이 무릎이 아프다며 "비가 오려나" 하는 것은 맞는 말이다. 저기압 날씨에서는 통증을 더욱 심하게 느낀다. 하지만 하루 안 좋다고 정신과나 상담센터를 방문하는 것은 아니다 보니, 비 오는 날에 확실히 방문하는 분이 적고 예약 취소도 많다.

날씨도 우리 삶도 청명한 가을 하늘처럼 시원하고 반짝거리면 얼마나 좋을까. 안타깝게도 그러기는 어렵다. 날씨와 계절에 책임을 돌리기보다는 우리가 그 영향에서 완전히 자유롭지 못하다는 사실을 인정하는 편이 좋다. 어쩌면 고유한 내 자신이라고 믿는 부분도 환경과의 상관관계로 생겨나는 것일 테니 말이다. 무조건 척박한 환경을 극복하고 노력해야만 한다는 이야기에 이미 많이 힘들지 않았는가.

나이 들어가는 뇌, 자기 인식이 열쇠다

예전보다 기억력이 떨어졌다고 치매가 아닌지 걱정하는 사람이 많다. 수명이 늘어나면서 치매 환자는 점점 더 늘어날 것이다. 실제로 2050년에는 우리나라에 치매 환자가 270만 명이 될 것이라고 예상한다. 굉장한 사회적 문제다. 치매는 나이에 비해 기억력 등 뇌의 기능이 현저하게 떨어져 독립적인 생활이 어려운 분명한 질병이다. 그렇다면 치매에 걸리는 사람들 말고 다른 사람들은 어떨까? 기억력은 나이에 따라 나빠진다. 정상적인 노화의 과정이라서 그 누구도 피해갈 수 없다.

나이에 따라 기억력이 나빠지는 것과 치매가 다른 점은 단순히 기억력이 얼마나 나빠졌느냐의 차원이 아니다. 자기 상태에 대한 인식이 다르다. 치매 환자는 기억력이 나빠지는 것을 모르는 경우가 많다. 그래서 기억력 검사를 받아보자고 해도 한사코 거부한다. 자주 쓰지 않은 중요한 물건을 도무지 어디에 두었는지 기억이 안나 발을 동동 구르는 상황을 떠올려보자. 단순 건망증이라면 "내가 왜 이런 게 기억이 안 나지? 치매인가 봐"라고 걱정하며 앞으로는 물건을 제자리에 놓도록 애쓸 것이다. 그러나 치매 환자라면 자신의 기억력이 떨어졌다는 사실을 인정할 수 없다. 그런 중요한 물건을 둔 곳을 잊을 리 없다고 생각한다. 심지어 남이 가져갔다고 의심하기 시작한다. 기억력을 잃어가는 것을 인정할 수 없으므로 특히 누가 뭘 훔쳐갔다는 망상이 자주 등장한다.

인간의 뇌는 모든 것을 기억할 수 없다. 그래서 기억을 잘 하기 위한 기억 전략(책략)을 사용한다. 분류해서 기억하는 경우도 있고, 감정과 함께 기억하는 경우도 있다. 그중 가장 요긴한 것은 바로 메모다. '옛날에는 전화번호를 들으면 다 기억했는데…'라면서 지나간 젊음을 그리워할 수만 없다. 나이가 들수록 기억력이 예전 같지 않다는 사실을 인정하고 생활 방식을 바꾸는 것이 좋은 전략이다. 20대에는 의과대학에서 사흘마다 책 한 권 분량의 시험을 치렀는데, 중년에 접어드니 장 보러 가서도 꼭 한 가지씩 빠뜨리고 온다. '더 어려운 것도 외웠으면서 이런 것을 까먹다니'라면서 슬퍼하고 분노해서는 아무것도 바뀌지 않는다. 그냥 적으면 된다. 여러 번 반복하면 된다. 이런 쉬운 원리를 몰라서 못 하는 사람은 없다. 인정하고 싶지 않아서 못 하는 것이다.

기억력은 감정의 영향을 많이 받는다. 굉장히 불안하고 급한 상황에서는 평소 기억나는 것도 잘 떠오르지 않는다. 오랫동안 우울하거나 감정 기복이 심한 경우 기억력도 함께 떨어진다. 현재 감정에 따라 잘 기억나는 사건도 달라지는데, 《미움받을 용기2》에 나오듯 과거가 지금을 정하는 것이 아니라 지금이 과거를 정한다. 이런 선택적 기억은 여러 실험을 통해서도 증명되었다. 지금 행복한 상태라면 과거를 떠올릴 때 행복하고 아름다운 기억이 더 많이 난다. 반대로 지금 우울하고 슬픈 상태라면 이제까지 잘못 살았던 것처럼 느낀다. 컴퓨터처럼 모든 기억을 평등한 용량으로 기억하는 것이 아니다 보니 현재의 감정에 따라 어떤 기억은 더 잘 꺼내보고, 어떤 기억은 그렇지 않을 수 있다.

내 기억이 정확하지 않을 수 있다는 점, 내 기억 용량이 예전보다 부족하다는 점, 내 감정에 따라 기억이 다르게 떠오를 수 있다는 점을 인정하기만 해도 마음이 편해진다. 스스로의 부족함을 고치는 것이 아니라, 인정하고 그대로 가져가는 것이 바로 치유다.

PART 4.

그렇게 진짜 어른이 된다

더 괜찮은 어른이 되기 위해 애써야 하는 것은 무엇일까?
어떻게 하면 주변 사람들과 내 자신을 용서하고,
서로의 마음을 다치게 하지 않는 대화를 할 수 있을까?
한번 알아보자. 나이에 비해 분명 더 나은 어른이 될 것이다.

몸을 열어놓은 의사소통이 필요해

표정을 읽기보다는 상황을 배려하기

의사소통은 평균적으로 생후 18개월부터 차이가 나타나는 부분이다. 아기와 어른이 마주 앉는다. 아기에게 맛있는 과자와 맛없고 쓴맛 나는 과자를 맛보게 한다. 두 과자의 모양은 다르다. 당연히 아기는 맛있는 과자를 좋아할 것이다. 어른이 쓴맛 나는 과자를 먹으며 굉장히 맛있어하는 표정을 짓는다. 그리고 맛있는 과자는 먹자마자 퉤퉤 뱉어버린다. 이때 어른이 과자를 달라고 하면 생후 18개월 이전의 아기는 자기가 좋아하는 것을 준다. 생후 18개월 이후의 아기는 맛없고 쓴맛 나는 과자를 준다. 자기가 좋아하는 것이라고 해서 남이 좋아하는 것이 아님을 안다. 상대방의 표정을 읽기 때문이다.

생후 18개월에도 되는 일이 왜 어른이 되어서는 안 될까? 어째서 힘든 일이 끝난 후 다들 집에 돌아가 쉬고 싶은 상황에서 "수고했으니 오늘 회식이나 할까"라고 갑자기 스케줄을 잡고, 자신이 좋은 상사라고 느낄까? 물론 상사에게 싫은 감정을 들키지 않기 위해 표정이나 말에서 방어를 하며 "네. 좋아요"라고 대답하기 때문일 수도 있다. 하지만 그보다 더 큰 문제는 내가 좋아하니까 상대방도 당연히 좋아할 것이라는 착각이다. 어린아이들을 시댁에 맡긴 채 일하는 워킹맘이나 오랜만에 여자 친구와 데이트를 하기로 한 직원의 입장은 분명 고려하지 않았을 것이다. 의사소통에서 제일 중요한 것은 표정과 말에서 나오는 감정을 읽는 것이다. 어른은 아이와 달리 각자 쌓아온 시간과 처한 환경이 있음을 고려한다면 상대방의 마음을 읽는 데 앞선 출발을 할 수 있다.

상대방에게 바로 물어보는 것으로 제대로 된 의사소통이 이루어지지 않을 때도 많다. "편하게 이야기해"라는 말은 수직적인 사회 구조에서는 절대 통하지 않는다. 하고 싶은 말 다 하고 사는 사람이라도 일단 갑을 관계에 놓이면 하고 싶은 말을 다 못하고 산다는 점을 잊지 말아야 한다. 하고 싶은 말을 하면서 살라는 의사소통의 중요한 원칙을 누가 몰라서 못 할까? 친구나 부부 사이에 통하는 이야기일 수 있다. 직장 상사와 부하 직원, 교사와 학생, 시어머니와 며느리와 같은 관계에서 편하게 이야기한다는 것은 어렵다. "괜찮아요"라는 말의 내용만 곧이곧대로 믿는 편이 마음 편하니까. 그렇게 생각하고 싶을 뿐이다.

내가 진심을 말하려고 노력한다고 해서 그들이 진심을 말해줄 의무는 없다. 그것이 수직적인 사회 구조의 한계다. 표정에 과도하게 민감해져서 무조건 눈치를 보라는 이야기가 아니다. 내가 읽는 표정의 언어는 어차피 틀릴 수 있다. 차라리 그 사람의 상황을 배려하는 것이 더 정확하다. 명절에는 며느리도 당연히 친정에 가고 싶고, 아무리 잘해주고 많이 알려줘도 직장 상사와의 관계는 불편하기 그지없다. 속 시원히 털어놓는 자리를 마련해도 100퍼센트 진심 어린 이야기가 나오면 그 조직은 오히려 혼란스러워진다는 점을 기억하고 의사소통에 임할 필요가 있다.

'미안해'라고 말할 수 있는 용기

완벽하게 살고 싶지만 그러기는 쉽지 않다. 그런데 "나는 남에게 피해를 주지 않고 살아요"라고 말하는 분이 의외로 많다. 과연 그럴 수 있을까? 그렇다면 다른 사람에게 상처받은 사람들은 대체 누구에게 상처받은 것일까? 단순히 때리거나 욕설하지 않으면 피해를 주지 않고 사는 것일까? "난 남에게 싫은 소리 한 번 안하고 산다"라고 말하는 분도 있다. 악의가 없다고 한들 듣는 사람이 싫다면 싫은 소리 아닐까? 내가 남에게 피해를 주지 않고 산다는 것은 어쩌면 그릇된 자기 인식일 수 있다.

혈액형과 관련된 연구는 모두 실패였다. 혈액형에 따른 성격 차이는 없었다. 그런데도 여전히 혈액형을 묻는 까닭은 우리나라에서 가장 많은 수를 차지하는 A형의 경우 '소심하고 할 말을 다 못한다'라고 인식하기 때문이다. 과장해서 말하면 다수의 폭력이다. 누구나 자기 할 말을 다 못하고 산다. 다만 "난 소심해서 하고 싶은 말을 다 못하고 살아. 그러니 알아서 이해 좀 해줘"라고 말하기에는 뭣하니까 간단하게 "난 A형이야"라고 말하는 것뿐이다. 그렇다면 B형 나쁜 남자는 자기 할 말을 다 하는가? AB형은 특이해서 별로 할 말이 없을 것인가? 아니다. 그들도 못하는 말이 있다. 혈액형이 어떻든 간에 자기 하고 싶은 말 다 하고 사는 사람은 없다. 다들 자기가 손해 보는 부분을 더 오래 기억하는 탓에 사람은 누구나 잘못을 한다는 간단한 원리를 잊고 산다.

내가 잘못한 부분을 시간이 지나서 알게 될 때가 있다. 그럴 때 나이 탓이나 혈액형 탓을 할 수는 없다. 시간이 흘렀다고 진정한 사과를 못 하는 것은 아니다. 우리나라 문화는 특히 사과에 인색하다. '내가 미안해하는 것을 상대방이 당연히 알겠지'라고 생각하는 경우가 많다. 제3자의 입장에서 유감을 표현하는 문화조차 잘 없다. 친구와 대화하면서 '유감이다'라는 말을 잘 쓰지 않는다.

몇 년 전 친구 때문에 번거로운 일이 생겼다. 일이 번거로운 것보다도 왜 그렇게 되었는지 친구는 내게 제대로 설명해주지 않았다. 내가 알고 있는 이유와 다른 이유만 대면서 미안하다고 했다. 그리고 미안함을 메우기 위해 여러 가지 선물을 했다. 그때 잘못을 만회할 방법을 내 방식대로 제공하는 것보다는 무엇을 어떻게 잘못했는지 허심탄회하게 털어놓는 것이 진정한 사과임을 깨달았다. 상대방이 모르면 "왜 미안해?"라고 꼬리 물지 말고 내가 속상한 까닭을 이야기하는 것이 좋다. 물론 실제 상황이 되니 피해를 본 입장에서 그런 설명까지 하는 것이 참 어려웠다. 알아서 내 마음을 좀 알아주기를 바랐다. 그렇게 따지고 보니 상대방도 '미안한 마음을 좀 알아주지'라고 생각했겠구나 싶었다.

사과는 구구절절해야 한다. 치사할 정도로 자세하게 설명해야 상대방이 마음을 알 수 있다. 상대방의 잘못을 지적하거나 개선할 때는 처음부터 이유를 다 늘어놓을 필요는 없다. 간단히 말한 다음에 이유를 설명하는 것도 괜찮다. 다만 한 가지, 사과와 감사는 자세하게 다 이야기하는 것이 백배 낫다.

가까울수록 꼭 말로 해야
마음을 안다

첫인상에서 표정, 몸짓, 말투와 같은 비언어적 의사소통의 비중은 크다. 말로 전달하는 내용보다도 첫인상을 결정하는 데 굉장히 중요하다. 이런 비즈니스 심리학의 연구 결과가 소중한 가족이나 오래된 관계에서도 똑같이 적용될까? 언어는 가장 발달된 의사소통 수단이다. 그럼에도 우리는 말하지 않아도 안다는 노래 가사처럼 직접적으로 표현하지 않아도 상대방이 내 마음을 알아주기를 기대한다. 가족인데, 친구인데, 애인인데, 우리가 언제부터 함께했는데 꼭 말해야 마음을 아느냐는 문화가 있다.

우리의 기대와 달리 말하지 않아도 상대방이 아는 경우는 별로 없다. 친절을 베푼 뒤 상대방이 고맙다는 말을 하지 않고 미소만 지었을 때 '저 사람이 진심으로 고마워한다'라고 느끼는 경우는 5퍼센트에 불과하다. 오래된 관계에서는 알아서 이해해줄 것이라는 기대 때문에 '고맙다', '미안하다'는 말은 더욱 퇴화한다. 식당이나 커피숍 등에서 친절을 베푼 직원에게 고맙다고 말하기와 가족에게 적어도 하루에 한 번씩 고맙다고 말하기를 연습해보자. 실제로 한 번 해보면 의외로 가족에게 고맙다고 말하기가 더 어려울 것이다.

오래된 관계일수록 서로의 마음을 잘 안다고 생각하는데, 그런 확신이 의사소통의 걸림돌이 된다. 범인 두 명을 포함한 열다섯 명이 사망한 콜럼바인 참사 사건의 가해자 부모가 쓴《나는 가해자의 엄마입니다》에서는 범인인 아들이 2년간 우울증을 앓았으면서도 부모에게 숨겼다는 이야기가 나온다. 총기 난사 며칠 전에 남긴 비디오테이프에서 친구들에게 "그래도 우리 부모님은 잘해줘"라고 말했음에도 불구하고 말이다.

가족끼리는 서로를 잘 아는 만큼 서로에게 마음을 숨기기가 더 쉽다. 나도 직장 상사에게 구박받은 것이나, 친구들 사이에서 창피를 당한 것을 엄마에게 잘도 숨겼다. 관계가 나빠서가 아니라 오히려 더 아끼는 사이라서 걱정할까 봐 그렇다. 말하지 않아도 안다고? 거짓말이다. 엄마는 여전히 나에 대해 모르는 것이 많다. 이런 비밀은 숨기고 싶으면서도 내가 늘 고마워하고 아낀다는 마음은 엄마가 또 알아주기를 바란다.

사람의 얼굴 표정을 보고 어떤 감정을 표현하는 것인지 알아맞히는 얼굴 인식 실험을 봐도 알 수 있다. 중립적인 표정을 똑같이 보더라도 사회불안장애(대인공포증) 환자는 마치 자신을 비난하는 표정으로 인식하고, 우울증 환자는 슬픈 표정으로 인식했다. 한 가지 놀라운 점은 타인의 표정을 인식하는 우리의 '사회적 뇌'는 모르는 사람의 표정을 더 잘 인식했다. 아는 사람의 표정을 인식하는 데 정확도가 오히려 떨어졌다. 그만큼 고정관념이 무섭다.

상담을 받으러 와서 배우자, 부모, 아이가 이러이러한 행동을 하는데 도대체 무슨 생각으로 그러는 것이냐고 해석을 바라는 분이 많다. 나는 일단 왜 그러는지 물어보라고 한다. 이상하게도 부모가 말을 걸면 꼭 싸움이 된다고 한다. 나도 진료할 때는 "학교 친구가 괴롭혀서 학교 가기 싫어요"라고 하면 어떻게 괴롭히는지, 어느 정도의 스트레스를 받는지 진심으로 궁금해서 묻다 보니 목소리가 차분하다. 해결책을 고민하는 뇌가 작동하기 때문이다. 하지만 내 아이가 "친구 ○○이 괴롭혀서 속상해요"라고 하면 일단 안타까우면서 화부터 난다. 부모는 당연히 아이가 힘들었을 생각에 속상하고 화가 나니 감정적 뇌가 작동한다. 듣는 순간의 속상한 감정이 너무 강해서 아이의 입장을 동시에 고려하기 어렵다. 아이에게 화가 난 것이 아닌데도 긴장된 상태로 묻다 보니 목소리가 날카롭다.

감정이 묻어 있는 질문을 들으면 아이는 이야기를 잇기 더 힘들다. 아이는 아이대로 힘들다고 터놓은 상황에서 화를 내는 부모를 보며 '부모님이 나를 많이 사랑해서 속상해하시는구나. 나도 힘내야지'라고 생각하기 어렵다. 이런 안 좋은 이야기를 하면 화를 내니까 앞으로 부모님께 이야기하지 말자고 결심하기 쉽다. 엄마의 이런 감정적 반응을 오해하여 '내가 괴롭힘을 당한 게 잘못한 건가?'라고 자책할 수도 있다. 그래서 사람들은 가족이나 가까운 사람에게 털어놓지 못하는 문제를 전문가에게 이야기하기도 한다.

심하게 우울하거나 일상에서 일어나기 힘든 트라우마를 겪었을 때는 새로운 정보를 입력하기 어렵다. 다치고 찢어지면 그 상처가 일단 나아야 하므로 그 상처가 아물도록 하는 데 신체의 역량을 많이 쏟게 된다. 그 과정은 우리가 인지하지 못하는 사이에 일어난다. 뇌도 마찬가지다. 현재의 아픔을 극복하는 데 집중하게 되므로 극도로 힘든 상황에서는 남의 말을 듣기 어렵다. 컴퓨터로 치면 키보드가 고장 나서 정보를 입력하기 힘든 것과 같다. 학교나 직장에 나가기 버거울 정도로 우울하거나, 하루에도 몇 번씩 공황이 찾아올 때 옆에서 아무리 좋은 말을 해줘도 잘 들리지 않는 경우가 많다(자신의 행동에 대해 기억을 못 하는 것이 아니라, 남이 설명한 부분을 알지 못한다). 이럴 때 해주는 좋은 말은 안타깝게도 소음과 똑같이 받아들인다.

같은 공간에 있어 준다거나 손을 잡아주는 것이 더 도움이 될 수 있다. 911 테러 직후 즉각적으로 심리 전문가들의 개입이 이루어졌는데, 생존자들이 가장 도움받았다고 느낀 것은 정신과 의사들의 훌륭한 말이나 약물치료보다 누군가 담요를 덮어주는 것이었다. 따뜻하고 포근한 환경을 통해 안정감을 느끼고 위로를 받은 것이다.

아이가 가정이 아닌 다른 곳에서 문제를 겪을 때 어느 정도까지 위로해야 할까? 상황마다 다르기 때문에 본인에게 물어보는 것이 가장 좋은 방법이다. 물어보고 그대로 해주면 된다. 굳이 전문가에게 가서 "우리 애가 SNS에서 따돌림을 당하는 것 같아요. 어떻게 할까요?"라고 상의하기보다는 어떻게 도와주면 되는지 아이에게 물어본다. 물론 무엇을 도와달라고 표현하기 어려운 초등학교 저학년에게는 "엄마가 나서서 이야기하기를 원하니, 가만히 있기를 원하니?"와 같이 의사를 존중하며 객관식으로 질문하는 것이 필요할 수도 있다.

내가 옳다고 믿는 행동을 하는 것이 아니라, 아이의 마음을 들어보려는 자세가 중요하다. 인간관계는 상대방이 나를 존중해준다는 것을 확인할 때 더 단단해진다. 상대방의 고통으로 힘든 내 자신을 위로해서는 상대방의 마음에 닿기 어려우므로 위로 역시 존중을 바탕으로 해야 한다. 내 의무감 위주로 하는 위로에는 한계가 있다.

차분하게 물어보기 어렵다면 20분 원칙을 해보는 것도 괜찮다. 긴장과 관련된 교감신경이 내려가는 시간으로, 처음에 놀랐다고 해도 20분이 지나면 신경의 흥분이 가라앉아 훨씬 더 차분하게 대화할 수 있다. '그래, 힘들었겠구나'라고 먼저 공감한 다음 20분 있다가 자세히 묻는 것인데, 좀 어색할 수도 있다. 그러나 감정을 섞어 묻는 것보다는 좋은 결과를 가져온다. 진심을 말하는 것도 어렵고, 듣는 것도 어렵다. 그래도 이런 시도를 통해 인간관계가 변하고 삶이 조금씩 변하지 않을까.

눈을 똑바로
마주치기

의사소통에서 또 하나의 문제는 내 수준의 지식을 전달하면서 상대방이 못 알아듣는 입장을 이해하지 못한다는 것이다. '지식의 저주'에 걸려 있기 때문이다. 정신과 의사들을 대상으로 한 학회 발표는 비슷한 과정을 거친 전문가 집단이 얼마나 알고 있는지 파악하기가 수월하다 보니 이야기하기가 훨씬 쉽다. 대중 강연은 그다음으로 쉽고, 정신건강에 대한 다른 분야 전문가들을 대상으로 이야기하기가 가장 어렵다. 다른 분야에서 얼마만큼 배우는지 파악하기가 힘든 탓이다.

상대방이 내 말을 잘 알아들었는지 확인하는 것 중에 제일 좋은 방법은 눈 마주치기다. 발표나 강연에서는 청중과의 거리도 있고, 청중이 여러 명인 탓에 알아들었는지를 확인하기가 더욱 어렵다. 강연 당시의 상황에 맞춰 내용을 수정하고 시간을 조절하는 것이 힘들어서 원래 준비한 대로만 계속 발표하는 사람도 많다. 준비한 것이니 끝까지 발해야 한다는 강박관념 탓이기도 하다. 발표뿐 아니라 뭔가 준비해서 이야기할 때 준비한 대로 해야 한다는 의무감이 오히려 일을 그르치기도 한다.

내가 뭘 어떻게 준비했는지 다른 사람은 알지 못하므로 그렇게 하지 않는다고 뭐라 할 사람 없다. 준비한 대로 고백하지 않고 다르게 말했다고 해서 고백을 받아주려고 했던 사람이 거절하지는 않는다. 다툴 만한 상황에서 준비한 대로 대응했다고 해서 싸움이 일어나지 않는 것도 아니다. 할 말을 준비하는 것의 중요성은 무엇일까? 준비했다는 것을 보여주는 정도면 충분하다. 성의 있게 발표나 강연을 준비했고, 오래 고민 끝에 고백한 것이며, 충동적으로 싸우자고 달려드는 것이 아님을 상대방이 인지하면 된다. 미리 공부하고 발표하기로 계획한 내용을 모두 말해야 한다는 것과는 다르다. 들어도 그만이고 안 들어도 그만인 말을 하려고 준비하는 것은 아니지 않은가. 언어는 상대방이 듣고 이해했을 때 의미를 지닌다.

그런데도 자기 할 말만 하는 사람들은? 앞서 말한 애착의 문제일 수 있다. '저 사람이 내 말을 들어줄까?'라고 자꾸 의심하기 때문이다. 내가 말하는 것을 상대방이 들어줄 것이라는 확신이 없으니까 자기 말만 반복해서 한다. 상대방이 실제로 내 말을 잘 듣고 있는데도 내 안에 오래 쌓인 불안으로 인해 마치 저 사람이 내 말을 듣지 않는 것처럼 느낄 수도 있다.

그렇다면 자기 말만 하는 사람의 일방적 의사소통을 어떻게 양방향으로 바꿀 수 있을까? 더 강하게 호응하는 대답("네"보다는 "네, 그렇군요")이나 질문("그다음에는 어떻게 되었어요?"), 고개를 끄덕이는 것과 같은 제스처 등이 효과적이다. 반복해서 이야기를 할 때는

"네, 방금 말씀하셨던 것처럼요"라고 들은 내용을 기억하고 있다는 확신을 주는 것도 필요하다고 한다. 나도 이 논문대로 해봤으나 100퍼센트 효과가 있는 것은 아니었다. 이렇게 해도 상대방의 반응을 살피지 않고 끝까지 준비한 대로 자기 말만 하는 사람들이 있다.

내 마음을 말하면서 눈을 똑바로 마주치기 어렵다면 들을 때 잘 쳐다보기만 해도 의사소통에서의 성공률은 올라간다. 내 말을 하는 순간에는 사실 너무 떨리거나, 원고를 흘끗 봐야 한다거나, 여러 가지 이유로 눈을 마주치기 힘들 수 있다. 대신 남의 말을 들을 때나, 질문에 대한 대답을 들을 때처럼 말을 하지 않는 공백에서 눈을 마주쳐야 한다. 이런 식으로 시선을 마주치면서 듣는 습관은 나중에 말할 때의 자신감으로 연결된다.

사람들 앞에서 말하는 상황을 두려워하는 사람들은 내용 전달보다는 상대방이 나에 대해서 어떻게 생각할지 고민하고 또 고민한다. 그럴 때는 상대방의 반응을 기다리며 바라보는 것을 몸에 익혀보자. 몸은 알게 된다. 다른 사람들도 나와 마찬가지로 내용을 듣고 소통하기 위해 나를 바라본다는 것을. 머리가 아니라 몸이 배우는 것이 훨씬 중요하다.

눈 마주치기에 대해서 부담을 가질 필요는 없다. 눈을 똑바로 마주쳐야 좋은 눈 맞춤이라고 생각하는데 그렇지 않다. 특히 동양에서는 상대방을 뚫어지게 계속 쳐다보면 피로와 거부감을 느낀다.

마주보고 하는 대화에서 계속 눈을 마주치지 않아도 된다. 눈을 마주치는 시간과 딴 곳을 보는 시선의 비율이 대략 8:2 정도 되는 게 좋다. 제발 그 비율을 딱 맞추려 하지는 않기를. 완벽하게 시선을 맞추지 않아도 상대방의 마음을 들을 준비만 되어 있다면 괜찮다.

하지 않아도 되는 말

예전에는 먹을 것이 없어서 문제였다. 지금은 영양분의 과잉으로 인한 비만이나 심혈관 질환이 더 문제다. 말이나 글도 마찬가지다. 옛날에는 좋은 책도 드물었고, 글자를 못 배워서 읽지 못하는 사람도 있었다. 지금은 좋은 글과 좋은 말이 넘쳐난다. 좋은 이야기를 접하지 못해서 문제라기보다는 많은 정보 중에 어떤 것을 가려서 들어야 할지 어려워서 문제다.

넘치는 것은 부족한 것보다 더 못하다는 말이 있듯이 하지 않아도 되는 말을 해서 관계가 더 나빠지는 경우가 많다. 각자 처한 상황이나 관계에 따라 다르겠지만, 사람의 감정을 억지로 바꾸려는 말이 그렇다. 감정, 생각, 행동 중에서 다른 사람에게 조언이나 충고를 할 수 있는 부분은 행동이다. 그런데 많은 사람이 감정을 고치라고 말한다.

"우울해하지 마"라는 말은 우울한 분들이 듣고 가장 절망하는 말 중에 하나다. 우울하고 싶은 사람은 없기 때문이다. 우울해하지 말라는 말을 들은 사람은 상대방이 나를 이해해준다고 생각하기는 어렵다. "불안해하지 마"라는 말 역시 도움이 안 된다. 불안은 누를수록 심해지는 탓에 불안을 부르는 생각 대신에 다른 생각으로 전환하는 편이 낫다. 긍정적 생각으로 바꾸는 것이 어려운 사람에게 긍정적으로 생각하라고 강요해서도 안 된다. 감정이나 생각에 대한 충고는 소용없다. 하려면 행동에 대한 충고만 하라고 권고한다. 우울해하지 말라는 말보다는 차라리 나가서 함께 걷자는 말이 훨씬 낫다.

정신과를 찾는 환자분들이 도움이 되지 않았다고 하는 말 중에 "다 내려놓아" 또는 "마음을 비워"도 있다. 마음을 비우는 것은 당연히 좋은 일이며, 마음챙김의 기본 정신이기도 하다. 지금 내 감정에 대해 조절하려는 욕심을 부리지 않고 있는 그대로 바라보는 것이다. 그러나 그게 잘되지 않으니까 다른 사람에게 털어놓은 것이다. 마음을 어떻게 비울지 모르면 더 초조해질 수도 있다.

사람들이 최악으로 꼽는 말은 바로 "용서해"다. 제3자도 아닌 가해자가 용서를 은근히 강요하는 경우도 많다. 수십 년간 외도를 일삼던 남편과 그런 남편을 편들던 시어머니 때문에 만신창이가 된 사람에게 시어머니가 아프시다는 이유를 들어 "이제 그만 용서해" 라는 한마디 말로 피해자가 모든 것을 잊기를 바라기도 한다. 어린 시절 아이한테 화풀이 삼아 심한 폭력을 일삼아놓고 시간이 흘러 그 이야기를 꺼내면 "언제 적 얘기를 하냐? 그걸 아직도 마음에 담고 있어?"라고 말하는 부모로 인해 더 힘이 든다. 남녀노소를 불문하고 용서는 해달라고 빌어야 하는 것이지 당연한 듯이 명령조로 말해서는 안 되지 않을까.

왜 가장 가까운 사람과의 소통이 더 어려울까?

남녀의 의사소통 차이

다른 사람과 싸운 이야기를 진료실에서 할 때 요즘은 주고받은 문자, 카톡, 메일 등을 직접 보여준다. 여자들은 대개 상황과 감정을 상세하게 설명하기 위해 장문으로 보낸다. 남자들이 더 많은 양을 보내는 때는 술에 취했을 때뿐이다. 나를 포함한 여자들이 저지르는 실수 중에 한 가지는 남자들에게 한꺼번에 많은 이야기를 한다는 것이다. 주변에 정신과 의사 부부가 계신데, 아내인 선생님은 남편에게 "아이 목욕 좀 잘 시켜줘"라는 말이 제대로 전달되리라고 기대하지 않는다. 그보다는 "비누 좀 갖다줘"라고 이야기한다. 목욕을 시키는 과정에는 비누칠을 하고 깨끗이 닦으며 뒷정리까지 하는 너무나 많은 일이 포함되어 있어서 힘들다는 것이다. 남편이 정신과 의사라고 해도 집에서는 어차피 똑같은 남자인데, 여러 가지 과정을 한꺼번에 말하면 어떻게 알아듣겠냐고 한다. 남자와 여자 뇌의 차이를 감안하면 맞는 말이므로 나도 늘 염두에 두고 있다.

남자들은 원시 시대부터 사냥 및 채집을 했다. 그 시절에도 여자들은 동굴에서 아이를 돌보는 일을 했다. 아무리 남녀가 평등한 시대가 왔다고 해도 남자와 여자의 생물학적인 차이가 존재하기에 이런 역할이 완전히 바뀌긴 어렵다. 일단 여자가 아이를 낳기에 그 출발점부터가 다르다. 남자는 생물학적으로 한 가지에 집중하도록 발달되었다. 한 가지 과제를 해결하기 위해 굉장히 집중력 있게 추진한다. 오로지 목적을 달성하기 위해서만 주위를 잘 살핀다. 물론 양육 환경이나 교육에 따라 남자들도 멀티태스킹을 잘할 수 있다는 연구 결과도 있다. 하지만 오랜 시대를 거쳐서 유전자에 새겨진 문화적인 부분을 고려하지 않을 수 없다. 양성평등적 가치관을 통해 남자들도 가사에 참여하면서 많이 달라졌다고 해도 아직도 '요즘 남자'가 아닌 사람은 많다.

동성끼리의 의사소통에서도 한꺼번에 여러 가지 이야기를 하지 않는 편이 좋다. 얼굴을 맞댄 상황뿐 아니라 카톡이나 문자에서도 마찬가지다. 그냥 내가 너무 분해서 모든 감정을 쏟아내고 싶다면 어쩔 수 없겠지만, 효과적인 전달은 아니다. 아내가 남편에게 화난 얼굴로 그간의 속상함을 털어놓는다. "난 이렇게 애 키우며 전투 육아를 하고 있는데, 제발 중요하지 않은 회식은 생략해줘", "애들에게 아빠도 중요하니 휴일에라도 놀아줘", "집안일은 원래 열심히 해도 티가 안 나니 한마디 툭 던지지 마" 등. 안타깝게도 아내의 이런 말을 꼼꼼히 기억하는 남편은 드물다. 단지 '아내가 화났다'라고만 기억한다!

메시지는 단순하고 최대한 짧게 전달해야 한다. 만약 그렇게 말한 이유를 혹시라도 궁금해하면(그러지 않을 확률이 높지만) 그때 가서 이유를 설명해주면 된다. 의사소통의 목적이 하소연을 통해 기분을 풀고 싶은 것인지, 상대방의 변화를 이끌어내기 위한 것인지 잘 생각해봐야 한다. 단, 그 두 가지를 한꺼번에 전달하는 것은 되도록 삼간다. '나 진짜 화났다'를 전달하거나 '시댁에 가는 횟수를 절반으로 줄이면 좋겠다'를 전달하거나 둘 중에 하나를 택한다. 그리고 결론부터 말하는 게 낫다. 감정과 이유를 설명한 다음 결론이 나오는 미괄식의 의사 전달은 자주 오해를 불러일으킨다. 남자는 여자의 말을 그렇게 오래 들을 능력이 없는 경우가 많다.

남자들은 여자들이 의사소통 자체에 의미를 부여한다는 점을 주의해야 한다. 남자들은 주로 결과만 설명하는데, 왜 그렇게 생각하는지 이유를 곁들인다면 더 나은 결과를 낼 수 있다. 별 대단한 것도 아닌데 궁금해하겠나 싶어 생략하는 탓에 의사소통에 문제가 생기는 것이다. 그러나 여자들은 생각보다 훨씬 더 궁금해한다. 소통의 결과뿐 아니라 과정도 중요하다. 의사소통 방식의 차이를 이해한다면 한결 편해질 수 있다.

결혼하지 않아도 정말 괜찮을까?

결혼은 안 하더라도 매우 중요하다. 배우자를 만나든, 법적 혼인은 하지 않든, 비혼을 택하든 간에 우리의 많은 것을 바꿀 수 있기에 발달하는 데 중요한 역할을 하는 것은 분명해 보인다. 어떻게 결혼해야 더 만족스러운지 궁금해서 여러 자료를 찾아보았다. 취향이 비슷하면 잘 맞는 것은 연애 초기에 해당될 뿐 오랜 시간 지속되는 결혼에서 꼭 필요한 조건은 아니었다. 행복한 결혼을 위해 성격이나 취미가 비슷할 필요는 없었다. 오히려 현실적으로 사회 경제적 지위나 교육 수준이 비슷하면 행복한 결혼 생활을 보내는 경우가 더 많았다. 엄청나게 차이가 나는 결혼은 갈등이 발생할 확률이 높았다.

몇 살 때 결혼해야 한다는 사회적 시계social clock의 영향력은 점점 줄어들고 있다. 하지만 스물세 살 이후에 결혼하면 행복할 확률이 높았다. 아무래도 열정적이고 보상을 주도하는 도파민보다는 친밀감이나 안정감과 같은 세로토닌에 더 치우친 판단을 통해 선택하기 때문이 아닐까 싶다. 젊음을 즐기고 자유를 만끽하는 나이에 결혼해서 의무를 지고 있다면 더 힘들었다. 사실 결혼이라는 것은 권리보다는 의무가 많은 제도니까.

외국 연구를 보면 확대 가족, 즉 시댁 및 처가 식구들과 자주 연락하고 가깝게 지내는 경우 결혼 생활의 만족도가 높았다. 물론 서양에서 '자주'라는 것은 우리나라와 기준이 달라서 한 달에 한 번 보고 연락을 유지하는 정도다. 여기서 '연락을 유지한다'는 의미를 어떻게 연구했을지 참 모호한데, 필요할 때 도움을 청하고 축하할 일이 생기면 모여서 축하하는 정도가 아닐까. 그 '친밀함'이 집을 마련하는 데 돈을 대줬으니 권리가 있다며 신혼집 열쇠를 따고 마음대로 들어오는 시어머니나, 사위에게 술주정하는 장인을 말하는 것은 아닐 것이다. 우리나라에서는 시댁 및 처가와 자주 연락을 주고받는다고 해서 결혼 생활이 더 행복했다는 결과는 없다. 과하게 가까우면 오히려 결혼 생활의 만족도가 떨어지지 않을까 싶지만, 아직 연구된 바는 없다.

결혼 생활에서 가장 확실한 불행을 가져오는 요인은 결혼 제도 자체가 맞지 않는데 결혼을 선택하는 경우다. 앞서 말한 여러 가지 요인보다도 훨씬 중요한 요인이다. 결혼 자체를 반대하던 사람은 상대방을 아무리 사랑하더라도 결혼의 틀 안에 머물게 되면 힘들어한다. 예를 들면 동성애자인데 부모님의 뜻에 밀려 이성과 결혼을 한다거나, 비혼주의자였는데 혼전 임신 등으로 어쩔 수 없이 결혼을 택한 경우가 있다. 결혼에 대한 부정적 인식이나 거기에 딸려오는 양가와의 관계, 자녀 계획에 대한 의견 차이는 확실히 행복한 결혼 생활의 큰 장애물이었다. 결혼 생활은 굉장히 힘든 것이라서 어릴 적부터 행복한 결혼 생활이 일생일대의 목표일 정도로 꿈꿔왔더라도 갖은 난관에 부딪히게 된다. 하물며 자신의 가치관과 맞지 않은 힘든 길을 걷고 있다면 어떨까? 원하지도 않는데 할 필요가 없는 것은 분명해 보인다(이렇게 말해놓고 나 역시 나중에 애들이 결혼 안 한다며 잠을 못 이룰 수 있다).

결혼하지 못해서 힘들다고 진료실을 찾는 분은 한 번도 못 봤다. 어르신 중에는 서른이 넘은 자식이 결혼하지 못해서 잠이 안 온다는 분이 꽤 많다. 자녀가 결혼하지 않은 것이 매일 밤 걱정할 정도로 심각한 사안인 것이다. 자녀가 결혼해야 마치 자신의 의무를 다 한 것처럼 느껴진다고 하신다. 그런데 막상 자녀에 대해 물어보면 자립해서 경제적 활동도 잘 하고, 연애도 하고 있다. 미운 우리 새끼지만 잘 살고 있다.

결혼은 부모의 일이 아니다. 부모의 눈치를 보면서 억지로 결혼

할 필요는 없다. 떠밀려 결혼하면 분명 혼자 지내는 것보다 삶이 불행해진다. 이런 말씀을 드리면 어르신들은 선생님은 결혼했으면서 남한테는 안 해도 된다고 하느냐며 서운해하신다. 결혼하신 분들은 아실 것이다. 나만 해놓고 남에게는 하지 말라고 할 만큼 결혼 생활이 비밀스러운 것이 아님을. 나보다 훨씬 오래 결혼 생활을 해오신 어르신들께 결혼이 꿀단지처럼 좋고 달콤한 것이어서 자식에게 꼭 권하고 싶은 것이냐고 여쭤보면 또 그건 아니라고 한다. 참 묘한 일이다.

결혼은 나 혼자의 일이 아니므로 의무감에 억지로 해서는 안 된다. 출산도 나와 내 가정을 위해 지극히 개인적으로 하는 것이지 사회를 위해 희생할 필요는 없다. 정말로 이 세상에 지금처럼 많은 사람이 필요할까? 만약에 필요하다면 경제적 이유 때문이다. 노인이 많고 어린아이가 적어도 우리는 그런대로 살아갈 것이다. 사람이 아니라 행복한 사람이 세상에 많이 필요하다고 생각한다. 불행한 결혼 생활은 행복하지 않은 아이를 만든다.

함께한 시간이 오래될수록
마음을 잘 읽는다?

결혼을 어떤 완성이나 발달 단계에서의 도약이라고 볼 필요 없는 까닭은 여러 가지 있다. 결혼 생활의 기간이 늘어난다고 해서 서로의 마음을 더 잘 읽는 것은 아니다. 오히려 실험 연구를 보면 서로의 생각을 지레 짐작해서 대화의 진행이 어려운 경우가 많았다. 상대방의 마음을 잘 안다고 여기기 때문이다. 잘 안다고 생각하는 확신이 더 문제라는 점이다. 평소 대화할 때 모르는 게 있으면 어떻게 할까? 물어본다. 부부 사이에서도 마찬가지다. 상대방이 도대체 왜 그러는지 모르겠으면 물어보면 된다. 그런데 결혼 기간이 늘어날수록 이런 질문은 줄어든다.

부딪히고 싸워서 에너지를 소모하는 것을 좋아하는 사람은 거의 없다. 물론 앞서 말한 애착 유형 중에 집착형은 나도 모르게 자꾸 그런 상황을 만들기도 한다. 하지만 사람들 대부분은 갈등을 피하고자 하는 무의식이 있다. 그 결과 짐작한다. 묻지 않고 넘어간다.

묻지 않는 것도 문제지만 감정을 담아 묻는 것도 문제다. 남편이나 아내가 원수라고 해도 밖에서 힘든 일을 겪고 들어오면 안쓰럽고 안타깝다. 직장인은 상사에게 구박을 받고, 자영업자는 사업을 걱정하는 등 안 좋은 이야기를 들으면 짜증도 밀려온다. 그래서 대체로 그 안쓰러움을 표현하기보다는 먼저 화를 낸다. "아니 왜 그러고 있어?"라고 묻는다면 그것은 내 답답한 감정의 표현일 뿐이다. 끝에 물음표가 붙어 있다고 해서 질문은 아니다. 상대방의 대답이 나의 예상과 다르더라도 그 대답을 들을 생각이 있어야 질문이다.

부부 상담에서 많은 사람이 기대하는 것은 치료자나 상담가가 상대방의 마음이 어떤지 읽어주는 것이다. 그러나 둘 사이에 있었던 이런저런 상황을 이야기하면서 "저 사람은 왜 저럴까요?"라고 다른 사람에게 묻는 것은 아무런 의미가 없다. 서로 물어보면 간단한 문제다. 간단하면서도 어려운 문제를 푸는 데 도울 사람이 필요한 것일 뿐이다.

제대로 잘 물어봐도 상대방이 자신의 감정과 그 이유에 대해 잘 모를 수 있다는 점은 감안해야 한다. 정말 친절하게 "오늘 어땠어?"라고 묻더라도 "몰라" 또는 "짜증나"라고 대답할 수 있다. 따지듯이 묻던 패턴에 길들여진 나머지 자동으로 대화를 거부할 수 있다. 하지만 100번 찔러놓고 한 번 손을 내민 다음에 '역시 노력해도 우리 관계는 안 돼'라고 단정 짓기에는 이르다. 정말로 자기감정을 그 순간에 모르는 사람들도 있다. 지금 내가 느끼는 감정이 분노인지 짜증인지 두려움인지조차 구별하기 힘들 수도 있다.

나도 그럴 때가 있으면서 남이 모른다고 대답하면 일부러 그런다고 생각할 필요는 없다. 정말 모르는 사람에게 왜 모르냐고 화를 내서는 안 된다. 물론 기분을 물었을 때 "몰라"라고 말하는 것은 청소년에게 자주 보이는 패턴이다. 어른이 되어서는 이런 경향이 사라져야 옳다. 그러나 감정에 이름 붙이기 연습이 제대로 되지 않은 것은 우리가 미적분과 신라 왕조를 배울 시간에 감정을 다루는 것을 배우지 못한 탓도 크다.

질문할 때는 듣고 싶은 마음으로 물어야지 내 이야기를 할 요량으로 물으면 대화가 되지 않는다. 내 이야기를 할 생각으로 질문하지 않는지 생각해봐야 한다. "대화 좀 할래?"라는 말이 두려운 까닭은 "내가 힘들거나 화났던 얘기 좀 하고 싶어"라는 말로 해석될 수 있기 때문이다. 제대로 질문하는 것은 많은 인내심을 필요로 하는 일이다.

어른이 되어 지식이 쌓이면 내가 아는 것이 틀릴 수도 있음을 인정하는 유연성은 떨어진다. 우리 뇌는 이미 저장해놓은 정보를 다시 불러오는 부분과 새로운 것을 궁금해하고 받아들일 때 활성화되는 부분이 다르다. 완전히 새로운 것을 받아들이는 과정보다 전에 알던 것이 틀렸음을 인정하고 새로운 생각으로 대체하는 일에 훨씬 더 많은 에너지가 든다. 뇌의 거의 모든 영역을 사용한다. 즉, 내가 모를 수도 있음을 인정하고 제대로 질문하는 것이 뇌의 노화를 거스르는 진정한 안티에이징이다.

변화는 오면 좋고
안 오면 그만이다

"배우자가 바뀌기를 10년 넘게 기다렸는데 좀체 바뀌지 않아요." 사람들은 결혼 생활을 통해 상대방을 바꾸려는 생각으로 잔소리를 하며 들들 볶는가 하면, 조용히 기다린다. 결혼 전의 생활 습관도 결혼하고 애를 낳으면 달라지리라고 기대한다. 시간의 힘을 믿는 것이다.

레지던트 시절에 결혼한다고 말씀드리면서 남편을 소개하기 전 어쩌다 보니 지갑에 있던 남편의 증명사진을 먼저 보여드리게 되었다. 스승이신 신 교수님은 그 사진을 대충 보시더니 "좋은 사람이다"라고 하셨다. 평소 직관이 뛰어나셔서 우리끼리 '신도사'라고 불렀던 교수님이지만, 대체 사진만 보고 어떻게 그런 말씀을 하셨을까? 의외로 대답은 간단했다. "좋은 사람이랑 결혼하니까 좋은 사람"이라고.

그 간단한 대화 속에서 많은 생각을 했다. '나는 정말 좋은 사람인가.', '좋은 사람이라는 이유로 상대방을 좋은 사람으로 단정 지을 수 있을 만큼 괜찮은 사람인가.' 내가 뛰어난 전공의여서 그렇게 말씀해주신 것은 분명 아니었다. 결혼 생활의 본질에 대한 것이었다. 결혼 생활을 잘 유지하려면 먼저 내 마음이 편해야 한다. 혼자서도 잘 살 수 있을 때 가장 훌륭한 결혼 생활을 할 수 있다는 말은 남에게 기대하기 이전에 내가 먼저 편한 사람이 되어야 한다는 뜻이 담겨 있다.

많은 사람이 결혼을 통해 부모님 또는 형제 안에서 해결되지 않은 문제를 해결하고 싶어 한다. 손해를 보기는 싫다. 어떤 면에서든 배우자가 더 나은 사람이었으면 좋겠고, 그 점을 통해 내가 업그레이드되고 싶다. 경제적 부분일 수도 있고, 마음의 안정일 수도 있다. 좋은 사람과 좋은 사람이 만나서 나쁜 관계가 만들어지기도 하지만, 그런 일은 굉장히 드물다. 각자 편해지고 성숙하는 것이 먼저다. 수신을 해야 제가를 할 수 있다.

몇 달 뒤 결혼이 임박해 신 교수님이 왜 그 사람과 결혼하느냐고 갑자기 물으셨다. 당시에는 철없이 대화가 잘 통하느니, 나랑 취향이 잘 맞느니 하는 남편의 좋은 점에 대해 이야기했다. 지금 돌이켜보면 그저 웃음이 나온다. 내 연애와 내 결혼 생활은 남들과 다를 것처럼 느끼던 시절이었다. 신 교수님은 고개를 끄덕이며 "지금이 평생에 그 사람이 제일 괜찮은 때라고 생각해라" 하고 말씀하셨다. 그 말씀을 마음에 새기고 결혼 생활에서 난관이 닥칠 때마다 매번 꺼내보고 살았다. 결혼에 대한 분홍빛 꿈으로 가득 찰 때처럼 평생 서로에게 정성을 다하는 것은 참 어렵지 않은가.

나라고 상대방이 바뀌리라고 기대하지 않은 것은 아니다. 아내를 위해 음식을 만드는 다른 집 남편처럼 집안일을 도와주기를, TV 육아 프로그램에 나오는 남편처럼 아이들을 맡아주기를 등 어떻게 보면 현실을 넘어선 기대를 하기도 했다. 사람은 누구나 더 나은 점도 있고, 더 못난 점도 있는데 말이다. 시간이 흐르면서 내가 왜 그런 결심을 했는지 이유는 잊어버리게 된다. 그때마다 신 교수님의 말씀을 곱씹으며 변화를 기대하지 말자고 마음을 다잡는다. 사실 결혼하고 남편을 위해 좋게 변한 것이 무엇이냐고 묻는다면 자신 있게 말할 수 있는 부분이 딱히 없다.

어느덧 결혼 생활이 10년 넘었다. 신 교수님을 다시 뵈었을 때 지금이 가장 괜찮은 때라고 생각하라는 그 말씀이 결혼 생활 내내 도움이 되었다고 말씀드렸다. 그랬더니 신 교수님은 의외의 말씀을 하셨다. "하지만 내 얘기가 틀렸다는 것을 증명하면서 살아가는 것도 괜찮다"라고 말이다. 서로를 통해 뭘 얻기보다는 각자의 발달을 바라보면서 힘을 얻고 새로운 애정을 만들어나가야 한다는 의미였다. 그 발달이라는 것이 지난주에도 양말을 뒤집어서 내놓고 그 다음 주에도 양말을 뒤집어서 내놓는다며 일주일 단위로 비교하면 아무것도 달라지지 않는 것 같아 답답하다. 그러나 오랜 기간을 두고 바라보면 결혼 생활을 유지하는 것 자체가 잘못된 선택을 되돌리는 결정이라고 해도 변화하기는 한다.

배우자에 대한 기대가 너무 크다면 그 변화를 볼 수 없다. 기대를 버려야 그 조그만 변화를 확인할 수 있다. 배우자를 내 힘으로 바꾸려고 하면 시간에 비해 눈에 보이는 성과가 미비해 안달이 난다. 바꿀 수는 없지만, 저절로 바뀔 수도 있다. 변화는 상대방이 바뀌기를 안달하며 기다릴 때 찾아오는 것이 아니라, 내가 편한 마음으로 살아내다 보면 그 사이에 찾아온다. 변화는 오면 좋고 안 오면 그만이다. 배우자를 바꾸려는 노력만큼 만약 내 자신의 변화에 투자했다면 훨씬 더 큰 변화가 있었을 것이다. 나 혼자서도 잘 살 수 있는 사람이 다른 사람과의 관계에서도 훨씬 편안하다는 것이 안정 애착의 본질이다.

잘 놀아야 재미있게 나이 들 수 있다

나만의 스트레스 해소법

힐링 열풍이 불면서 스트레스를 푸는 데 무엇이 좋다, 우울증 예방에 무엇이 좋다는 이야기가 많이 나온다. SNS나 TV 프로그램에서 어떻게 하라는 이야기를 들으면 똑같이 해볼까 하는 생각이 든다. 예전보다 정신건강에 사람들이 관심을 갖게 되었다는 점에서는 참 좋다. 그러나 스트레스 관리를 위해 해야 하는 일이 너무 많아 스트레스를 받는다는 말이 나올 정도로 스트레스 관리법 홍수의 시대에 살고 있다. 기질과 상황에 따라 스트레스 관리법은 다를 수도 있는데, 남들처럼 하다가 더 힘들어질 수 있음을 명심해야 한다.

누구에게나 좋은 스트레스 해소법이 있다면 그것은 운동이다. 수많은 연구에서 이견이 없다. 아이부터 어르신까지 건강한 사람이나 병을 앓고 있는 사람이나 상관없이 운동은 좋다. 근육을 만들거나 살을 빼려면 꾸준히 해야 하지만, 스트레스를 해소하기 위해서라면 단 한 번만 운동해도 효과를 볼 수 있다.

사실 운동은 다양한 활동을 합친 단어다. 논문을 봐도 걷기, 달리기, 자전거 타기, 수영, 요가, 헬스, 춤 등 여러 가지 운동에 따라 좋아지는 부분이 각기 다르다. 운동을 해도 기분이 전혀 나아지지 않는다는 분들은 지금 하고 있는 운동이 안 맞아서 그럴 수 있다. 그럴 때는 종류를 바꿔본다. 실내/실외, 무산소/유산소, 경쟁/비경쟁 등에 따라 달라진다. 나는 운동하고픈 결심이 돋아나 헬스를 1년 치 등록했다가 바로 후회했다. 아무리 추워도 야외에서 걷기, 자전거 타기 등을 해야 스트레스가 풀렸다. 물론 나와 반대로 야외 운동은 싫고 실내 헬스장이 삶의 낙인 분도 있다. 남들이 좋다는 취미를 좇아갈 필요는 없다. 운동은 노는 것 중에서 참 좋은 것이지만, 사람과 상황에 따라 다르다. 각기 다른 운동의 요소로 인해 저마다 기쁨을 얻는 것이다.

운동할 때 재미없다면 꾸준히 하기 어려울 수 있으니 맛보기로 경험해보는 과정이 필요하다. 처음부터 과도한 비용을 투자하지 않는다. 헬스를 등록하면 한 달을 하는 것보다 1년 치를 등록하면 당연히 월별 등록비가 더 저렴하다. 그런데 헬스라는 운동은 적어도 한 달 이상 꾸준히 한 다음 결정해도 늦지 않다. 남들이 좋다는 것보다는 스스로 확신하는 것이 중요하다. 캠핑이 좋다고 장비를 산다거나, 음악이 좋다고 악기를 덜컥 사버린다면 돌이킬 수 없어진다. 등산을 해볼 결심이라면 낮은 산부터 가보고 등산화부터 구매해야지 처음부터 등산복을 구매한다면 들인 비용 탓에 다른 운동을 도전하기 어렵다. 무슨 취미든 처음 시작할 때는 잘할 수 있을 것 같아도 하다 보면 얼마든지 일보다 괴로울 수 있다.

때로는 일하는 것과 노는 것을 구별하기 어려운 경우도 있다. 분명히 논다고 믿었는데, 실제로는 업무와 관련된 일을 하기도 한다. 놀았는데도 논 것 같지 않고, 오히려 기분이 더 안 좋다. 특히 예술 분야에 종사하시는 분들은 조심해야 한다. 음악을 전공하는 사람은 생각 없이 음악을 듣기 어렵고, 음식점을 운영하는 사람은 다른 식당에 가서 고민 없이 그대로 맛을 음미하기 어렵다. 어떻게 만들었느냐에 집중하거나, 내 일에 관련된 생각을 하기에 업무를 위한 학습이 된다.

나도 심리학이나 정신건강 관련 책, TV 프로그램은 보지 않는다. 만약 본다면 공부하는 과정으로 분류한다. 남들처럼 힐링을 기대하지 않는다. 심리학 관련 책을 보면 '이렇게 잘 설명했구나'라고 내 나름대로 정리해서 진료에 활용한다. 대신 소설을 읽는 시간을 통해 마음을 치유한다. 단, 배경은 다른 나라이거나 다른 시대여야 한다. 현시대의 이야기를 들으면 진료할 때와 같은 느낌이 들기에 노는 시간이 될 수 없다. 밥벌이와 상관없어야 스트레스가 풀린다는 원칙을 지키려는 노력이다. 일하는 분야와 연결되어 있다 보면 논다고 믿었던 시간에 놀지 못한 경험이 많았기 때문이다. 놀아도 스트레스가 풀리지 않는다면 지금 놀고 있는 것이 맞는지 확인해보자.

공간의 분리도 중요하다. 집은 쉬고 노는 공간이 되는 것이 좋다. 특히 재택근무를 하는 분들은 주의해야 한다. 카페에서 일하는 사람이 많아진 것도 그 때문이다. 카페 바로 위의 오피스텔에 살고 있다 하더라도 굳이 내 집에서 일하고 싶지는 않은 것이다. 공간이 주는 힘은 크기에 차라리 분리하는 것이 나을 수 있다.

남들이 아무리 좋다고 해도 내가 해봐서 아니면 아니다. 나에게 제일 효과적인 방법을 찾기 위해 여러 가지를 해보고, 실제 해봤을 때의 느낌을 기록하고 비교해보자. 10점이든 100점이든 내가 기록하기 좋은 점수를 기준으로 삼는다. 예를 들어 등산을 해보니 성취감은 10점인데, 즐거움은 -1점일 수 있다. 자전거를 타보니 성취감은 5점인데, 즐거움은 7점일 수 있다. 성취감과 즐거움을 합산하라는 이야기가 아니다. 필요할 때 꺼내 쓸 수 있는 내 자신에 대한 정보를 모으라는 뜻이다. 기억은 늘 왜곡되는 탓에 내 자신에 대한 정보를 정확히 모으는 데 가장 중요한 것은 '오늘' 기록하는 것이다. 후향적retrospective인 것이 아닌 현재의 것이 나를 위한 귀한 정보가 될 수 있다. 가장 귀한 정보는 현자의 말도, 다른 사람들의 추천도 아닌 나의 경험이다.

노는 것과 쉬는 것은 다르다

누워 있는 자세와 앉아 있는 자세의 경우 뇌에서 나오는 호르몬의 종류가 다르다. 우리 몸에는 시각, 촉각, 후각, 청각, 미각 외에도 고유수용성 감각proprioception이 있다. 쉽게 말하면 내 몸의 자세와 위치를 느끼는 감각이다. 우리는 눈을 감고도 서 있는지, 앉아 있는지, 팔을 들고 있는지, 팔을 쭉 뻗고 있는지 등 몸의 움직임을 안다. 자세에 따른 고유 감각에 따라 뇌의 신경전달물질 종류가 달라진다. 잘 때를 제외하고 누워 있는 것 자체가 바람직하지 않은 까닭은 누워 있을 때 우리 몸이 누워 있는 자세를 인식하기 때문이다. 활력을 주는 아드레날린이나 도파민의 양이 줄어든다. 친구와 통화를 하거나 책을 읽는 등의 일을 똑같이 하더라도 자세에 따라 나오는 호르몬이 다를 수 있다.

게임을 아예 1시간도 하지 않기를 원하시는 부모님이 많겠지만, 나는 중·고등학생의 경우 일주일에 7시간(하루 1시간과 다르다. 매일 1시간으로 설정하면 게임 중에 그만두는 문제로 갈등이 일어난다) 정도는 막을 수 없다고 생각한다. 누워서 혼자 스마트폰으로 게임하지 말고 차라리 앉아서 PC로 하라고 권한다. 누워서 스마트폰을 하는 것은 쉬는 것도 아니고 노는 것도 아닌 애매한 활동이다.

노는 것과 달리 쉬는 것은 수동적이고 정적이다. 뇌를 쉬게 하고 활동하지 않도록 내버려두는 것이다. 뇌의 주요한 세 가지 물질 중에 안정된 기분과 관계된 세로토닌이 지배하는 상태라고 할 수 있다. 거실에서 TV 프로그램 보기, 가족들과 집에서 식사하기, 낮잠자기, 느리게 걷기, 공원에 나가서 가만히 앉아 있기 등 모두 쉬는 시간이다. 이른바 멍 때리는 시간인데, 그런 시간이 있어야 우리 뇌의 기본 모드가 활성화된다. 주변에서 여러 자극을 받을 때는 전두엽의 배외측전전두피질dorsolateral prefrontal cortex이 활성화되지 않는다(판단력에 굉장히 중요한 부분으로 어른이 되어서도 계속 발달한다). 따라서 가끔씩 이렇게 쉬어주는 것이 꼭 필요하다.

쉬는 것 중에 제일 중요한 것은 잠자기다. 우리나라 성인의 수면 시간은 OECD 다른 국가에 비해 평균 1시간 이상 적다. 꼭 쉬는 시간을 만들지 않는다면 잠을 자는 것으로도 보충해야 하는데, 이조차 부족하다면 뇌가 너무 지친다. 그렇다고 '잘 쉬어야 한다'는 메시지에 부담을 느낄 필요 없다. 쉬는 시간을 확보하려다가 더 바빠지면 안 되니까. 몸과 마음이 동시에 쉴 필요도 없다. 지하철 안에서도 눈을 감고 음악을 들으면 몸은 쉬지 못해도 뇌는 잠시라도 쉴 수 있다.

노는 것은 쉬는 것과 달리 재미, 흥미, 즐거움을 느끼기 위한 활동을 의미한다. 놀 때는 항우울제 역할을 하는 뇌의 물질이 더 많이 나온다. 매일매일 하는 업무나 집안일을 할 때와는 다른 쪽의 뇌를 활성화시키는 것이 필요하다. "평소 뭐 하고 노세요?"라는 질문에 대답하기 어렵다는 사람이 많다. 회사 일, 육아, 가사노동에 치일 때도 노는 시간을 적어도 일주일에 1~2시간 확보하면 좋다. 드라마를 기다리거나 주 1회 1시간 카페에서 혼자 커피를 마셔도 좋다. 그냥 쉬는 게 아니라 적극적으로 노는 시간이 있어야 덜 지친다(참, 질문의 답은 남들에게 당당한 것이어야 한다. 도박하거나 바람을 피우면서 놀면 비정상적인 보상회로가 활성화된다).

주말에 누워서 하루 종일 쉬는데도 피곤한 까닭은 놀이를 통해 얻을 수 있는 좋은 스트레스의 맛을 보지 못했기 때문이다. 스트레스를 받지 않기는 어려우므로 여유 시간이 있을 때 쉬는 것과 노는 것의 에너지를 적당히 분배하는 것이 중요하다. 물론 쉬는 시간도 있고, 노는 시간도 있으면 더더욱 좋다. 수면 시간을 통해 쉴 수 있기에 굳이 둘 중에 더 중요한 것을 꼽으라면 노는 시간이다.

어른의 뇌는 점점 더 잘 지친다. 운동 후에 뭉친 근육과 마찬가지로 회복하는 데 시간이 걸린다. 공부도 때가 있다는 말은 어느 정도 맞다. 청소년기나 초기 성인기에는 노는 것과 공부하는 것의 전환이 훨씬 더 빠르다. 그러나 어른이 되면 뇌 기능이 전환되는 속도가 느리다. 스트레스를 받았을 때 기억력이나 집중력 등의 뇌 기능은 점점 더 쉽게 영향을 받는다. 더 잘 놀아야 우리 몸과 뇌를 오래 써먹을 수 있다.

나쁜 생각을 좋은 것으로 채우는 잠깐의 쉼

마음은 제멋대로 움직인다. 문득 수십 년 전의 안 좋은 일이 떠올라 가슴이 두근거리고 기분이 안 좋아질 때가 있다. 낮에 있었던 모임에서 친구가 툭 던진 말이 기분 나빠 '그 사람이 왜 나한테 그런 말을 했지?'라고 곱씹으며 잠을 못 자기도 한다. 자식 걱정, 돈 걱정, 친구 걱정, 내 몸 걱정 등 미래에 대한 갖가지 걱정을 하느라 바로 앞에 닥친 일을 미룰 때도 있다. 머리가 생각으로 꽉 차 있을 때 많은 분이 "어떻게 하면 마음을 비울 수 있죠?"라며 마인드 컨트롤을 잘할 방법을 찾는다. 정신과에는 안 좋은 기억을 잊어버리게 해주는 약도 없고, 생각을 덜 할 수 있게 해주는 치료도 없다. 노력해서 잊을 수 있거나 생각하지 말자고 해서 되는 일이면 좋겠지만, 그러기에는 상처가 깊고 생각은 끊이지 않는다.

생각을 내 마음대로 조절하는 것은 굉장히 어렵다. 두뇌의 활성이나 대사 정도를 스스로 조절하는 것은 거의 불가능에 가까울뿐더러 뇌가 아무리 우리 전체를 지휘한다고 해도 뇌 역시 몸의 기억에 영향을 받기 때문이다. 이런 상황에서 마음을 비우는 것은 수도하는 분들만 할 수 있는 고난도의 기술이다. 그럼 어떻게 해야 할까? 그냥 안 좋은 생각에서 허덕여야 할까?

사람마다 생각하는 양은 정해져 있다. 예를 들어 평소 100만큼 생각하는 사람이 있고, 10만큼 생각하는 사람이 있다. 100만큼 생각하는 사람은 남을 더 배려하고, 일할 때도 꼼꼼하게 계획을 세워서 하는 등 섬세한 면을 지녔을 것이다. 그러나 평소 걱정이 많고 예민한 탓에 같은 난관에 부딪혀도 머리가 아프도록 고민하고, 지나간 기억까지 꺼내 보며 힘들어할 가능성이 크다. 이런 사람은 원한다고 해서 10만큼 생각하는 상태로 바뀌기 어렵다. 방법은 90만큼을 다른 것으로 채워서 겨우 10만큼만 생각하는 상태에 다다르는 것뿐이다.

가만히 앉아 있으면 우리 뇌는 100 전부를 생각하는 데 사용한다. 하지만 밖으로 나가서 걷다 보면 100만큼 생각하던 뇌는 80을 생각하는 데 쓰고, 15를 걷는 데 쓰며, 5를 주위를 둘러보는 데 쓸 것이다. 즉, 몸이 힘들면 앉거나 누워서 쉬는 것과 반대로 뇌가 힘들면 음악을 듣고 다른 사람과 대화를 나누는 등 다른 곳으로 시선을 돌리는 게 좋다. 하루 종일 가만히 누워 있으면 당연히 몸도 처지고 안 좋은 기억이 많이 떠오르게 마련이다.

앞서 분홍 코끼리를 예로 들어 설명했듯 생각을 줄이는 것은 당연히 어렵다. 나만 그런 것이 아니다. 좋은 생각, 잠시라도 행복을 불러일으키는 활동, 다른 사람에 대한 공감을 통해 나쁜 생각이 있던 자리를 채워보자. 힘들 때는 '왜 나는 생각이 많은 사람으로 태어났을까?'라며 한숨이 나올 테지만, 삶 전체를 돌아보면 생각이 많은 것이 꼭 나쁜 것은 아니었을지도 모른다. 예민하고 생각이 많은 사람만이 잘할 수 있는 일도 꽤 많다. 쓸데없는 생각이 가득 차 있어서 무엇인가 잘 못 해낼 것이라는 판단을 버리고 오늘에 충실하면서 우리 뇌와 마음을 조금만 쉬게 해주는 것이 어떨까.

좋아하는 것의
가지치기

신경세포끼리의 연결인 시냅스가 가장 많이 생기는synaptogenesis

시절은 생후 2세다. 이 시절의 아기들을 관찰해보면 어른들 못지않게 열심히 산다. 하루 종일 자신의 발달 과제를 완수하기 위해 애쓴다. 걸음마를 할 무렵의 아기들은 끊임없이 걸으려고 애쓰고, 말을 할 무렵의 아기들은 연신 옹알대며 알아듣지 못할 말이라도 계속한다. 이런 부단한 노력이 시냅스를 만든다.

신경세포의 연결이 많다고 뇌가 최고의 기능을 발휘하는 것은 아니다. 양이 많다고 뇌의 좋은 기능이 보장되는 것은 아니다. 일단 위험한 것이든 아니든 마구 만져보고 세상 모든 것에 호기심을 갖는 아기의 생활처럼 유아기에는 일단 시냅스를 많이 만들고 본다. 실제 필요한 것의 무려 다섯 배만큼. 그러고 나서 정말로 필요한 녀석들만 남겨놓고 나머지는 가지치기pruning를 한다. 가지치기 과정이 제대로 수행되지 않으면 여러 가지 뇌건강과 관련된 질병이 생길 수 있다. 부족한 것만큼이나 넘치는 것도 큰 문제다.

일단 만들어놓고 가지치기를 하는 발달 과정은 일상에서 선택하는 과정과 꽤 닮아 있다. 특히 의지를 갖고 가지치기를 하는 과정은 어른이 된 후에 더욱 중요하다. 오늘날 우리가 좋아하는 일을 찾기는 쉽기 때문이다. 훌륭한 책, 감동적인 영화, 멋진 여행지, 맛있는 음식, 신나는 게임 등 우리 주변에는 좋은 것이 너무나 많다. 어릴 적 뇌에 생기는 시냅스처럼 우리가 활용하고 접하는 것보다 훨씬 많은 양의 좋은 것이 널려 있다. 그런데 감동적인 영화의 여운이 채

가시기도 전에 새로운 영화가 개봉하는 것처럼 좋은 것을 다 따라잡기는 어렵다. 우리의 시간은 한정적이다. 따라서 많은 좋은 것 중에 더 좋은 것을 골라내야 한다. 최고의 정신 상태이며 스트레스를 해소할 수 있는 몰입의 상태는 원래 흔하지 않다. 그런 몰입의 상태를 너무 자주 겪으면 신경세포들이 피로에 빠지게 되면서 처음만큼 좋다고 느끼기 힘들다.

좋아하는 것도 아닌 데다 남들이 좋다고 하는 것까지 다 하려고 들면 아무것도 제대로 할 수 없다. 꼭 뭐를 제대로 해야 하는 것은 아니지만, 돈과 시간을 투자해놓고 만족을 못 느낀다면 누구의 손해인가. 더 좋아하는 것을 고르기 위해 기억해야 할 점은 사람들이 SNS에 결코 진실을 올리지 않는다는 점이다. 며칠 안 되는 일정에도 수백만 원을 투자해서 해외여행을 갔는데, 그 여행지가 실제로는 마음에 안 들었다고 하자. 멋진 사진에 '#소문보다 별로'라고 쓰기란 쉽지 않다. 내 선택이 잘못되었음을 인정하면 손해를 보는 듯한 심리가 있어서 그냥 좋다고 해버린다. 신빙성이 떨어진다.

이것만이 좋다는 권유에 대해서도 한 번쯤 의심해봐야 한다. '이 강좌, 이 운동, 이 종교만이 당신을 치유할 것이다', '나에게 와야 치료가 된다', '지금 사지 않으면 안 돼!'라는 말은 마음을 현혹시키는 말이다. 좋은 것은 많고, 대안은 더 많다. 선택하는 사람은 바로 나다. 그런데도 많은 사람이 대안이 없을 것만 같은 마케팅에 현혹되어 진짜 내가 원하는 바를 잊는다. 그냥 순간순간을 즐겨도 괜찮다. 무엇인가 '즐긴다'는 것은 시간을 따라서 쌓은 성취가 아니라 현재의 문제다. 꼭 제대로 하지 않아도 괜찮다. 스트레스를 풀어야 한다는 강박관념에 또 스트레스를 받을 필요는 없지 않을까.

외향성인가,
내향성인가?

흔히 외향적인 것은 활발한 것이고, 내향적인 것은 얌전한 것이라는 오해가 있다. 중요한 것은 사람과의 관계에서 주고받는 에너지의 흐름이다. 외향적인 사람은 사람들과 함께하는 활동을 통해 에너지를 얻는다. 마음을 털어놓는 대화나 상호작용이 많은 놀이가 좋다. 며칠 연속으로 힘든 일을 하고 나서 몸이 완전히 지친 상태라도 좋아하는 사람들과의 모임에 나가 스트레스를 푼다. 반면에 내향적인 사람은 혼자 있는 시간에 에너지를 충전한다. 사람들 사이에 오랜 시간 있으면 피로를 느낀다. 혼자 있는 시간이 꼭 필요하다. 우울하다고 해서 무조건 사람을 많이 만나야 하는 것은 아니다. 활동적인 취미라도 혼자 하는 것이 스트레스 해소에 좋은 사람도 있다.

두 가지 성향은 흑과 백처럼 둘로 나뉘는 것은 아니다. 외향성과 내향성을 다 가진 사람이 훨씬 많다. 자신이 어느 쪽에 가까운지 궁금하다면 이런 상황을 생각해보자. 아침 7시부터 회의를 시작해서 종일 힘든 일이 터졌고, 밀려드는 업무에 점심도 못 먹었다. 상사는 계속해서 들볶고, 저녁 9시가 넘어야 퇴근할 것 같다. 몸과 마음이 모두 지치는 정신없는 하루였다. 그런데 마음을 털어놓고 지내던 어릴 적 친구들이 오랜만에 뭉치자며 회사 근처로 오겠다고 한다. 이럴 때 집에 가서 혼자 쉬고 싶다면 내향적인 사람일 확률이 높다. 친구들을 만나 맥주 한 잔 하면서 스트레스를 풀고 싶다면 외향적인 사람일 수 있다.

가장 간단한 예를 든 것이다. 외향성과 내향성은 어떤 일을 하느냐보다 일 외의 시간에 관계를 맺는 방식에서 더 자주 드러난다. 외향적인 사람이라고 해서 상사가 회식을 갑자기 잡았을 때 스트레스가 풀리는 것은 아니며, 내향적인 사람이라고 해서 친구 관계를 잘 맺지 못하는 것은 아니다. 무조건 사람을 싫어하거나 좋아하는 성향으로 볼 수 없다. 외향성과 내향성은 MBTI 검사를 통해서도 잘 확인할 수 있는데, 타입에 치중하기보다 어느 쪽에 얼마만큼 치우쳤는지를 살펴보는 것이 필요하다.

내가 어떤 것 때문에 마음이 편해지고 불편한지 깨닫기란 쉽지 않다. 계속 강조하지만 기록해놓는 것은 그 어떤 것보다도 큰 도움이 된다. 기억은 끊임없이 바뀌기 때문이다. 나도 기록을 통해 여러 사람과의 만남에서 스트레스를 더 받는다는 사실을 알았다. 그러자 사람을 만나고 와서 기분이 나쁠 때와 좋을 때의 차이가 궁금해졌다. 장소, 날씨, 시간대, 음주 여부보다도 4라는 숫자가 열쇠였다. 네 명 이상 모이면 이쪽저쪽 안 봐도 될, 아무도 보라고 한 적 없는 눈치를 보느라 피곤했다. 결국 많은 사람이 모이는 자리는 되도록 가지 않기로 했다. 진작 메모하고 분석했더라면 좀 더 빨리 찾을 수 있었을 텐데. 이 밖에도 내 성향을 외향적인 것으로 잘못 알아서 한 삶의 실수는 너무 많다.

늘 성향대로 살 수는 없다. 내 성향을 좀 더 일찍 알았더라면 사람이 많은 자리에 가게 되더라도 '어쩔 수 없이 견뎌야 하는 시간'으로 분류하고 그 상황을 그냥 견뎠을 것이다. 그런데 나는 그런 시간을 즐기려 애썼고, 즐겨야 한다고 스스로에게 세뇌시켰다. 테니스와 탁구처럼 경쟁적인 운동을 하지 않고, 등산이나 발레처럼 못해도 남에게 피해주지 않는 운동을 하니 좋다. 사람을 많이 만나며 살던 의과대학 시절이나, 전문의를 딴 후 대학병원에 있던 시절이 가끔 생각난다. 그때 만난 사람들 얼굴이 하나하나 떠오르면서 그리울 때가 있지만, 그 사람들을 한꺼번에 만난다고 생각하면 끔찍하다.

살다 보면 먼 친척 집에 머무는 어색한 시간처럼 우리가 어떻게 할 수 없는 부분도 있다. 하지만 그게 왜 괴로웠는지, 왜 즐거웠는지 기록하면 소중한 자료로 남는다. 어떤 취미가 다른 취미보다 우월한 것이 아니다. 스스로에게 해가 되는 극단적인 것이 아니라면 되도록 다양하게 경험해보는 편이 좋다. 그 전에 외향성과 내향성 같은 기질을 파악하는 것만으로도 후보를 많이 줄일 수 있다.

소중한 자기와의 깊은 대화

생각이나 느낌을 반성할 필요 있을까?

마음을 마음대로 할 수 없기 때문에 평소의 나라면 결코 하지 않거나, 용납하기 어려운 생각을 하게 된다. 심각하게 자살을 계획하는 사람은 드물겠지만, 아주 가끔 자살을 생각해본 사람은 꽤 있다. 이 정도까지는 아니어도 우리 뇌 속에는 광고 팝업창처럼 쓸모없거나 잔인한 생각이 떠오를 수 있다. 잠시 스쳐 간 생각을 실제 소망이라고 혼동하면 죄책감이 들 뿐이다. 무의식을 탐구하는 것은 좋으나, 의식보다는 덜 중요하다고 생각한다. 정신과 의사이자 작가인 어빈 얄롬Irvin D.Yalom은 잠깐씩 할 수 있는 생각에서 멀리 동떨어진 특이한 생각은 극히 드물다고 했다. 한 설문 조사에 따르면 부모를 죽이려는 생각을 한 사람들이 80퍼센트가 넘는다. 물론 그 사람들이 전부 부모를 미워하거나, 실제로 그 비슷한 행동을 하는 것은 아니다.

강박증 증상에는 손을 여러 번 씻거나 문을 잠갔는지 계속 확인하는 것뿐만 아니라, 원치 않는 생각이 반복적으로 들어오는 경우(침투 사고intrusive thought)도 있다. 소중한 사람이 상해를 입거나, 다른 사람에게 잔인한 행동을 하는 생각이 떠오르는 것이다. '가장 일어나지 않았으면 하는 일'이 떠오르는 것은 심한 불안의 증거일 뿐 진심 어린 소망과는 정반대다. 병원에 찾아올 정도의 강박증이 아니어도 평소 생각이 많은 사람에게는 이런 팝업이 가끔씩 스친다. 그럴 때 우리는 스스로를 비난한다. 나 역시 '도대체 어떻게 그런 생각을 할 수 있지?'라며 스스로를 야단친 적이 꽤 많다.

뇌한테 너무 뭐라고 하지 말자. 이 세상에는 윤리와 도덕이 있으므로 남에게 해를 끼치는 행동을 하지 않으면 된다. 만약 스쳐 지나가는 생각을 행동에 그대로 옮겼다면 당연히 반성해야 한다. 쓰레기통이 저기 보이는데도 아무 곳에 쓰레기를 버리거나, 피곤한 상황에서 아이가 떼를 쓴다고 욕설을 퍼붓거나, 지하철에서 거슬리는 사람을 일부러 발로 차고 지나갔다면 다시는 그러지 않을 방법을 고민해야 잘 살아갈 수 있다.

행동은 반성하되 생각을 비난할 필요는 없다. 부정적인 생각이 든다면 나름의 이유가 있는 것이다. 그 생각이 잘못되었다고만 해서는 안 된다. 생각에 대한 과도한 죄책감은 단지 스쳐 지나갈 수도 있는 생각에 너무 큰 관심을 주는 것이나 다름없다. 나쁘든 좋든 관심을 자꾸 가져주면 생각은 점점 더 커진다.

못된 생각이라도 겉으로 드러내거나 행동하지 않았다는 점에서 스스로를 칭찬하는 것이 마땅하다. '나쁘다' 또는 '착하다'라는 단어는 우리 뇌에서 일어나는 생각에 대한 것이 아니라, 다른 사람에게 미치는 영향에 대한 것이기 때문이다. 아이를 키우는 것에 지쳐서 '애를 안 낳았더라면 얼마나 행복했을까. 애들이 다 사라져버렸으면 좋겠다'라고 마음속으로 생각하는 것이 나쁜가, 아니면 "널 괜히 낳았어"라고 한마디 툭 던지는 것이 더 나쁜가.

남에게도
할 수 있는 말이야?

힘들 때 늘 누군가 옆에서 위로를 해주면 얼마나 좋을까. 안타깝게도 우리 삶은 그러기 어렵다. 아무리 서로 사랑하는 가족이어도, 많은 사람의 관심을 받는 유명인이어도, 돈으로 모든 것을 살 수 있는 부자여도 내가 원할 때 바로 위로받을 수 있는 사람은 없다. 그래서 자기를 다독이는 과정이 중요하다.

발달장애 아이를 키우고 있는 지운 씨는 아이의 언어치료와 놀이치료를 쫓아다니느라 하던 일을 포기했다. 대기업 마케팅팀에서 좋은 성과를 내던 그녀는 육아 휴직을 끝내고 복귀를 앞둔 어느 날 영유아 종합검진에서 아이의 발달이 늦다는 이야기를 들었다. 대학병원에 예약하여 검사한 지 한 달 만에 자폐성 장애가 의심된다는 진단을 받았다. 육아 휴직은 쓸 대로 다 쓰고 퇴사하느냐는 상사에게 아이가 이런 진단을 받았다고 솔직하게 말하고 싶지는 않았다. 자폐성 장애는 평균적으로 만 3세에 진단받는 것이 대부분이다. 지운 씨의 아이는 빨리 치료를 받아 인지나 언어 능력에서는 격차를 좁힐 수 있었다. 멀쩡한 아이를 왜 검사하느냐며 받아들이지 못하던 남편은 아이와 더 잘 놀아줄 방법을 궁리하는 쪽으로 조금씩 바뀌었다. 병원과 발달센터에서 하라는 대로 하고, 집에서도 노력하면 될 줄 알았다. 그러나 사회성 부분은 아직도 다른 아이들보다 크게 떨어지는 아이를 보면 한숨이 나온다. 결혼 전부터 같이 일하던 동료가 차장으로 승진했다는 소식을 들으니, 자신은 더더욱 아무것도 한 게 없는 것처럼 느껴졌다.

지운 씨는 자신이 처한 환경 속에서 최선을 다했다. 하지만 안타깝게도 일과 육아 두 마리 토끼를 잡은 것도 아니고, 아이가 발달을 완전히 따라 잡은 것도 아니다. 남들이 인정할 수 있는 성과를 내지도 못했다. 대충 훑어보면 진짜 아무것도 한 게 없는 것처럼 느껴질 수 있다.

어려운 환경을 헤쳐 나가는 사람들이 지치게 되면 자기 탓이 아닌 문제인데도 자기 탓을 한다. 지운 씨는 퇴사할 수밖에 없었던 상황이나, 아이의 회복이 기대보다 더딘 것에 대해 자기 탓을 하지 않는 것이 필요해 보인다. 사실 이렇게 되기까지 지운 씨가 잘못한 것은 없지 않은가. 물론 그 과정에서 자잘한 잘못은 했을 수도 있다. 예를 들어 퇴사할 때 아이가 아프다고 자세히 설명했더라면 괜한 오해를 받지 않았을 것이다. 말을 안 한 것이 잘못이라는 이야기는 아니다. 아이에 대한 안 좋은 소문이 퍼져서 괴로웠을지도 모른다. 날 이해해주었으면 하는 사람에게만 이해를 구하면 된다. 궁금해하는 모든 사람에게 내 감정과 상황을 솔직하게 털어놓을 필요는 없다.

어려움이나 불안한 순간에 맞닥뜨리면 우리 뇌의 원시적이고 빠른 알람, 즉 낮은 길이 활성화되면서 단지 고통을 피하고 위험을 대처하는 방향으로만 행동한다. 뇌의 알람이 마구 울리면 불안, 공포 등의 감정이 생겨나서 괴롭다. 바깥에서 오는 그럴 만한 자극(횡단보도로 돌진하는 자동차, 잔고가 없는 통장, 친구가 암에 걸렸다는 소식 등) 때문이라면 뇌의 알람이 울려도 그 괴로움을 납득할 수 있다. 때로는 끔찍한 기억을 떠올린다든가, 스스로 마음에 안 드는 부분을 집어내든가 하는 것만으로도 알람이 울리고 낮은 길이 활성화된다. 이때 불안과 괴로움으로 생각을 하다 말면 단정 지어버린 결론이 스스로를 괴롭혀서 자기혐오로 이어진다. 과도한 자기 비난은 생각이 주는 고통을 피하기 위해 더 큰 고통에 정착하는 오류를 범한다.

나치의 수용소에서 살아 돌아와 실존주의적 심리치료인 의미치료를 창시한 빅터 프랭클Viktor Frankl은 다른 집의 창문을 들여다보듯이 자신을 바라볼 필요성에 대해 이야기했다. 우리는 홀로코스트에 있는 것도 아닌데 고통을 좀 피하면 안 되는 것일까? 나의 부족함이나 내게 일어난 불운을 무조건 떠올리지 말라는 것이 아니다. 멀리서 차분하게 바라볼 필요성에 대한 의미가 크다고 본다. 지운 씨가 스스로 절망하고 무기력해지는 것은 결코 본인 탓이 아니다. 이런 상황에서 모든 것을 엄마 탓이라고 말하는 시댁 식구나, 발달장애에 대해 비하 발언을 하는 사람들이나, 생각 없이 말하는 친구가 꼭 끼어 있다. 그 결과 안 그래도 자신없고 힘든 그 마음이 더 증폭되고 만다. 나는 지운 씨처럼 자기 탓을 해서 절망하는 사람들에게 이야기한다.

"당신 친구의 삶이라도 그렇게 말할 수 있나요?"

세상에 둘도 없는 친구를 떠올릴 필요 없다. 그냥 웬만큼 친해서 결혼식에 초대할 정도의 친구를 떠올려보자. 그 친구가 나와 같은 삶을 살고 있다면 뭐라고 할까? 하루 종일 스스로에게 하는 말을 남에게 하는 말로 바꿔보자는 것이다. '나'를 '너'로 바꿔서 "너 진짜 왜 이래, 한심하다"라고. 다들 그런 말을 절대로 할 수 없다고 한다. 그렇다면 스스로에게 상처를 주는 말을 하는 것은 괜찮은가? 나는 내 자신의 가장 소중한 친구인데 말이다.

생각에 대한 비난보다도 느낌에 대해 뭐라고 하는 것이 더 문제다. 느낌은 원시적인 뇌에서 더 빠른 속도로 올라온다. 불안, 기쁨, 분노, 서러움, 역겨움, 슬픔, 아늑함 등 이런 느낌은 굉장히 빠르게 마음속에서 솟아난다. 먼저 느끼고 그다음에 느낌을 뒷받침할 만한 이유를 찾기 때문이다. 빠르게 올라오는 느낌을 혼낸다면 마음대로 느낄 자유조차 없는 뇌는 코너에 몰리게 되고 무기력해진다.

오래된 친구와 카페에 앉아 대화를 한다고 생각해보자. 친구가 화장실 간 사이 메시지를 확인했다가 기분이 상할 수도 있고, 창밖에 지나가는 사람으로 인해 갑작스럽게 두려움이 몰려와 불인해질 수도 있다. 친구는 영문을 모르는 상태에서 "불안해"라고 말했다. 그럼 친구는 "왜 불안해?"라고 이유를 물을 수도 있다. "갑자기 왜 그러지? 나도 그럴 때가 있어. 괜찮아질 거야. 우리 다른 얘기 해볼까?"라고 반응할 수도 있다. 친구 사이에서 나올 법한 이야기를 스스로에게 한다면 괜찮다.

안타깝게도 많은 사람이 친구에게 하지도 못할 이야기를 자기 자신에게 한다. 불안하다고 하는 사람에게 "불안해하지 마" 또는 "그러면 안 된다"라는 소리를 한다. 감정을 억지로 누르려고 하는 것이다. 다시 묻는다. 친구한테 할 수 있는 이야기인가? 내 자신이 훨씬 소중한 존재인데 어째서 친구에게도 하지 않는 이야기를 하는 것인가? 남들에게는 막말을 한 번 하지 않는 사람이 내 마음에게 막말을 할 때가 너무 많다. 친구에게 못할 정도의 비난은 자신에게 하지 않는다는 원칙만 지켜도 스스로를 잘 위로할 수 있다.

거리를
두는 연습

내 인생만 힘들고 나만 불쌍한 것 같다면 다른 곳으로 주의를 돌리면서 스스로를 보듬는 자기 위로self-soothing가 필요하다고 설명했다. 하지만 아무리 해도 자기 위로조차 잘되지 않을 때가 있다. 그럴 때는 자신을 제대로 들볶고 따져 물어보는 것도 방법이다. 즉, 자신을 다독이는 것이 도저히 안 될 때는 이제껏 당연하게 생각해온 부분, '반드시 그래야 한다'는 명제에 대해 반대로 질문해본다. 세상에서 나만 특별하고 잘난 존재는 아니기 때문이다. 많은 사람이 나처럼 고통을 겪고 힘든 하루를 보내고 있다.

"힘들다고? 어째서 나는 남들보다 힘들면 안 되는 거지? 나는 좀 외로우면 안 돼? 지금은 힘들어도 언젠가는 기쁘고 행복한 때가 오게 마련이잖아. 힘들 때 다른 사람의 위로를 받아야 하는 이유는 뭐지? 꼭 힘을 내야 돼? 힘을 낸다고 치자. 그렇다면 그다음에 뭐가 달라지는데? 흘러가는 대로 좀 내버려두면 어때서?"

인디언들은 자신의 상처를 남의 것으로 거리를 두는 연습을 통해 통증을 줄였다. 장자도 나비와 자신을 동일시하거나 자아의 경계를 허물어뜨리는 노력을 통해 번뇌를 극복했다. 내 고통에 남들이 공감해주고 위로해주기를 기다리지 말고 내 자신에게 거리를 두어보자. 지금 이 상황을 해결하지 못하는 내 자신을 받아들일 수 있다(우울증이 심한 경우 거리를 두는 질문으로 인해 자기 비난이 더 심해질 수 있으므로 주의해야 한다).

스스로에게 심하게 엄격한 사람이라면 남에게 말하듯이 나에게 말할 때 오히려 괜찮다는 말을 더 많이 하게 됨을 깨닫게 될 것이다. 비우기, 칭찬하기, 힘내기 등 똑같은 방법으로 하는 것이 안 된다면 한 번쯤 방법을 바꿔보는 것도 좋다. '내가 겪는 고통'과 '나'는 다르니까. 고통은 언젠가 지나가지만 내 삶은 언제까지나 소중하니까.

구체적으로 꿈꾸기

어른에게도 꿈이 필요하다. 꿈은 꼭 이루어져야 한다거나, 이루어질 가능성이 크기 때문에 삶에 필요한 것이 아니다. 우리가 미래에 대해서 계획하고 희망할 때는 안정과 평화를 가져다주는 세로토닌이 활성화된다. 세로토닌은 늘 안정과 평화의 역할만 하는 것은 아닌데, 뇌의 어느 부위에 많이 있느냐에 따라서 다른 성격을 드러낸다. 미래에 대해서 생각할 때와 과거를 돌아보고 죄책감을 가질 때 전혀 다른 부위의 세로토닌 수용체에 불이 켜진다. 그래서 더욱 미래에 대해서 긍정적 희망을 갖고 꿈을 설계해야 하는 것이다.

바로 지금의 마음건강을 위해서다.

'우리 삶은 언제 어떻게 끝날지 모르는데?'라는 반문을 받아들이려면 꿈에 대해서 늦었다고 생각할 필요 없다. 특히 양육에 대한 의무가 많은 부분 마감되는 쉰 살은 새로운 꿈을 꾸기에 좋은 시기다. 자녀를 낳는 연령대가 다양해진 요즘은 그 나이에 늦둥이를 키우기도 하지만, 바로 옆에 있어 주어야 하는 초등학교 저학년 시기를 지난 경우가 많다. 내 자신을 위해서도 새로운 꿈이 반드시 필요하다. 갱년기로 여성 호르몬 또는 남성 호르몬이 줄어들면 미래의 내 가능성에 투자하기보다는 다음 세대를 생각하도록 되어 있다. 환갑 이전에 사망하는 사람이 많은 시대에서는 다음 세대를 생산하는 기능을 마감하는 쉰 살쯤에 더 이상 새로운 계획이나 에너지를 갖지 않는 것이 적절했다. 그러나 현시대에는 조금은 저항해봐야 하는 변화가 아닐까 싶다.

성호르몬은 우리에게 그만두라고 말하지만, 뇌는 꼭 그렇지 않다. 《해마》에서 보듯 창의력은 30~50대까지 얼마나 발휘하고 사용하느냐에 따라 퇴화하기도 하고, 폭발적으로 증가하기도 한다. 이제 우리나라 평균 수명이 여든 살이 넘기 때문에 쉰 살에도 앞으로 30년간 어떻게 살지 계획을 세워야 한다. 여든 살이 넘은 어르신들이 가장 후회하는 것은 10년 전에 빨리 시작하지 않은 것이다. 일흔 살의 어르신들도 마찬가지다. 그때는 정말 젊었는데 왜 늙었다고 생각했는지 모르겠다고 후회를 한다.

꿈을 꿀 필요가 있다고 해서 너무 먼 목표만 내다보면 힘이 빠질 가능성이 크다.《완벽한 공부법》의 저자는 산티아고 순례길을 걸으면서 목표가 너무 멀어 힘들었으며, 오히려 하루하루의 작은 목표를 설정하니 힘이 났다고 덧붙였다. 커다랗고 장기적인 목표를 통해 힘을 얻는 사람이 있는 반면에, 부담을 느끼는 사람도 있다.

꿈이라고 하면 대부분 직업적인 부분을 생각한다. 50대 이후에 공인중개사나 바리스타처럼 새로운 직업에 도전하는 경우도 있고, 그랜드마 모지스Grandma Moses처럼 70대 이후에 그림 그리기를 시작해서 화가로 이름을 떨친 경우도 있다. 힘을 내서 이런 사람들처럼 새로운 것에 도전하라는 이야기가 아니다. 거창한 꿈이 아니어도 괜찮다는 이야기를 하고 싶다. 주변 사람들 중에 바둑을 제일 잘 두고 싶어 50대에 바둑을 시작하신 어르신도 있다. 지금은 복지관에서 바둑을 제일 잘 두신다. 동물 한 마리를 잘 키워보겠다는 꿈을 지닌 분도 있다.

자기 자신에게 어울리는 꿈이 필요하다는 것은 현실의 상황이 녹록지 않으니 모든 것을 포기하라는 의미가 아니다. 어른이 되어 더더욱 변하기 어려운 자기 특성을 고려해야 한다는 뜻이다. 성공 지향적인 사람은 자격증이나 수료증이 나오는 과정을 들으면 도움이 될 수 있다. 안정 지향적인 사람은 조심해야 할 것이 한 가지 있다. 평소 조용한 것을 좋아한다는 이유로 도시를 떠나 시골에 가서 살고 싶다는 꿈을 꾸는데, 시골에 가서 새로운 사람들을 만나고 농업에 적응하는 것은 대단히 새로움을 추구하는 것이다. 오히려 스트레스가 늘어나 후회하는 경우가 많다. 제주살이, 시골에 집짓기, 이민 등 공간을 옮긴다는 것은 실현 가능성이 낮다기보다는 자신의 기질을 혼동할 수 있기에 조심해야 한다. 모험심이 많은 사람에게 알맞은 방법이다.

몇 년 전 베스트셀러로 선정된 책에서는 바라기만 하면 온 우주가 내 편이 될 것이고, 간절히 바라면 내 소망이 모두 이루어질 것이라고 말한다. 사실 나는 좀 반대하는 입장이다. 현실이 그렇지 않기 때문이다. 모든 어른의 꿈이 이루어지지는 않는다. 주변을 돌아봐도 자기 꿈을 그대로 이룬 사람은 별로 없다. 건강에 문제가 생기거나, 자녀의 진로로 골머리를 썩는다. 심지어 사기를 당할 수도 있다. 그런 일을 원하지 않았다는 사실을 인정하는 단순한 과정이 바로 공감의 시작이다. 꿈은 이루지 못할 수도 있다. 꿈을 꼭 이루라는 것이 아니다. 꿈은 이루어지지 않더라도 현재의 생활을 행복하고 건강하게 만들기 때문에 필요하다.

기억과 감정의
오해를 푸는 사과

기억은 선택적이고 불평등하다. 감정을 동반할 경우 기억은 더 오래 남기 때문이다. 전화번호나 영어 단어는 잘 기억하지 못하면서 30년 전에 선생님께 혼났던 일은 선명하게 기억하는 것처럼. 우리 뇌는 선택적 기억selective memory으로 채워져 있다. 선택적 기억으로 과거를 구성하고, 그 과거를 바탕으로 현재를 만들어간다. 그런데 현재를 구성하는 것은 진짜 과거라기보다는 내가 기억하는 과거다.

박다호씨는 6·25 때 일곱 살쯤이었다. 부모님 그리고 여섯 살, 네 살 된 동생과 피난을 가고 있었다. 북한군 점령지에 사람들이 있다는 사실을 몰랐던 미군은 박다호 씨 가족들이 있던 곳에 폭격을 가했다. 깜짝 놀란 박다호 씨의 아버지는 여섯 살 동생의 손을 잡아끌고 도망쳤다. 사실 도망이라고 해봤자 네다섯 발자국 정도였다. 박다호 씨는 그 일을 평생 가슴에 품고 살았다. 우리 편의 폭격에 죽을 뻔했던 일도 충격이지만, 내 손을 잡지 않고 동생의 손을 잡은 아버지가 원망스러웠다. 얼떨결에 그랬을 수 있다고 해도 좀처럼 이해되지 않았다. 오래된 비밀을 부모님에게 한 번도 이야기하지 못한 채 세상을 원망하며 살았다.

'부모님이 나를 사랑하지 않는다'는 것은 '나라가 나를 보호하지 않는다'와는 차원이 다른 충격이다. 예닐곱 살의 어린아이에게 부모란 세상 그 자체이기 때문이다. 아버지가 박다호 씨를 사랑하지 않았다는 증거는 없다. 그리고 공포 상황에서의 착각일 수도 있다. 그러나 그날 일이 너무 생생한 박다호 씨의 기억 속에서는 진실이라는 것이 문제다.

정신건강 문제에서는 사실이 아니라 진실이 중요하다. 친척에게 성추행을 당한 사실을 어렵사리 털어놓았을 때 "그 일, 어디 가서 이야기하지 마"라고 한 엄마, 술에 취해 "너만 없어도 내가 이렇게 살지 않는 건데"라고 말을 던진 아빠. 많은 부모가 아이의 이야기 속에서는 참 나쁘다.

부모도 실수할 수 있다. 완벽한 부모는 없다. 이런 말이 괜찮다는 것은 아니다. 충분히 상처가 될 수 있으니까. 하지만 늘 나쁜 부모는 아니었을 것이다. 단지 결정적인 시기에 잘못을 해서 상처를 준 것이다. 사실이든 아니든 기억은 마음속의 진실이다. 각인된 비극으로 힘들게 살아온 사람은 많다. 내 부모님은 내 편이 아니라는 생각은 일생에 많은 영향을 미쳤을 테니 참 안타깝다.

나도 기억나지 않는 문제를 자녀가 서운하다고 말할 때는 어떻게 해야 할까? 답은 간단하다. 그냥 사과하는 것밖에는 방법이 없다. 막상 나에게 그 조언을 해주신 어르신들께 여쭤보면 사과할 기회를 놓쳐버린 경우가 많다. 사과하지 않아도 될 일을 미안하다고 말한들 자녀가 손해배상을 요구하지는 않는다. 사과할 일을 사과마저 하지 않는다면 그 상처는 너무나 오래간다. "실은 기억이 잘 안 나는데, 그래도 미안해"라고 첨언할 필요는 없다. "미안해. 네가 그렇게까지 생각하는 줄 몰랐어"라고 이야기한 다음에 해명이나 변명을 하는 편이 낫다. 사과는 두괄식으로 해야 한다.

박다호 씨는 집단치료를 하던 비슷한 연배의 사람들에게 이제 내려놓으라는 말을 듣고 편해졌다고 했다. 내려놓으라거나 용서하라는 말은 제3자가 할 수는 있어도 잘못한 사람이 할 말은 아니다.

"만약에 부모님이 용서하라고 했으면 어땠을 것 같나요?"

"그랬으면 더 화가 났겠죠."

용서는 진정한 사과를 통해 해달라고 부탁해야 하는 것이다. 무조건 용서하라고 해서는 안 된다. 2차 상처를 낳을 수도 있다. 일곱 번씩 일흔 번이라도 용서하라는 것은 그만큼 용서하기 어렵기 때문이다. 자꾸 떠오를 때마다 용서를 해야 간신히 가능하다.

다른 사람의 도움을 받는 것도 능력이다

아직도 옛날 어르신들은 정신과 하면 '미친 사람 가둬놓고 치료하는 곳'쯤으로 생각하신다. 젊은 사람들이라고 해서 정신과에 대한 편견이 자유롭다면 거짓말이다. 그래도 "기록이 남아서 취직할 때 불이익을 받나요?" 또는 "보험 가입에 문제가 되지 않나요?"라는 좀 더 실용적인 질문을 한다. 사람들이 정신과를 찾기 어려운 까닭은 두려움과 거부감 때문이다. 부끄러움과도 연관되어 있는데, 남들이 볼까 봐 부끄럽다는 것이다. 한 차원 깊이 뿌리박힌 부끄러움이 있었다.

부끄러움의 뿌리는 나이가 들수록 내 삶의 어려움은 스스로 극복하고 해결해야 한다는 부담감이었다. 신체적 어려움은 남의 도움을 받아도 되지만, 정신적 어려움은 남의 도움을 받는 것을 부끄러워한다. 특히 중년 이후의 남자들에게 그런 부분이 심했다. 전통적인 성별 고정관념이 여자에게만 피해를 준 것은 아니다. 남자들도 그릇된 남자다움으로 인해 많이 힘들었다.

노력해서 열심히 살면 가난이나 낮은 학력, 부양해야 하는 가족, 불의의 사고에 대한 기억 등은 극복할 것이라는 믿음이 여전히 도사리고 있다. 반대로 극복하지 못한다면 노력이나 의지가 부족해서 그렇다는 믿음. 더 큰 난관을 극복했으면서 우울하고 잠 못 자는 것 따위를 극복하지 못한다는 것은 참을 수 없다. 나이가 들면서 약해진 자신을 용서하기 어렵다. 앞날에 대한 희망을 갖기 어렵다.

10대의 긍정성과 50대의 긍정성은 달라야 한다. "노력하면 다 잘 될 거야" 또는 "언젠가 내 자식들이 성공해서 나를 잘 모실 거야" 같은 것은 긍정적 사고가 아니다. 미래에 대한 낙관을 강조할수록 오히려 현재가 힘들어진다. 노인 문제는 앞으로 더욱 심각해지고, 지금의 30~40대들은 질병이나 사고로 남들보다 빨리 죽지 않는 한 대부분 독거노인이 될 것이다. 이처럼 안개 같은 환경 속에서도 현재의 기쁨과 희망을 찾는 것이 긍정적 사고다.

애들이 좀 더 크면 행복해질 거라고? 그건 만 1세 이하 쌍둥이를 키울 때만 통하는 이야기다. 어르신들 말씀에 따르면 애들이 더 큰다고 행복해지지 않는다. 자꾸 행복해질 날을 마냥 기다릴 수는 없는 노릇이다. 지금 행복을 찾을 수밖에 없고, 그런 부분이 잘되지 않는다면 다른 사람에게 도움을 청하는 것도 능력이다. 더 이상 시대나 환경을 넘어선 초인적인 노력을 강요하지 않기를. 모든 것을 노력으로 극복해야 하는 신화에서 벗어나야 한다.

결말이 인생의
전부는 아니다

1944년생인 최라순 씨의 남편은 큰딸이 일곱 살이 될 무렵 두 집 살림을 시작했다. 최라순 씨의 남편이 두 집 살림을 하는 것을 시부모님은 은근히 반겼다. 그쪽에서라도 아들을 낳기를 바랐다. 두 집 살림을 하던 중에 최라순 씨는 아들을 낳았다. 달라진 점은 남편이 가끔 와서 아들을 안아보고 갔다는 것뿐이다. 최라순 씨는 남편이 언젠가 돌아올 것이라고 믿으며 열심히 세 딸과 막내아들을 키우며 살았다. 수십 년간 두 집 살림을 하다가 암을 진단받은 남편. 마침 제3의 여자와 바람이 난 것이 들통나 집으로 쫓겨 왔다. 한 달에 사나흘 정도 얼굴 비추며 지낸 20년이 모두 저 너머로 흘러가 버린 뒤였다. 남편은 최라순 씨의 병간호를 받다가 2년 만에 세상을 떠났다. 그래도 마지막에 "자네 나 때문에 고생했지?"라는 말을 남겼다며 눈물을 훔치던 최라순 씨. 이내 다른 어르신들을 바라보며 당당하게 말씀하셨다. "남자들이 바람피워도 그거 한때여. 다 돌아오게 되어 있다니까."

수십 년의 힘든 세월이 준 열매를 부정하고 싶지는 않았다. 하지만 인생에서 어느 정도의 효율은 있어야 하지 않을까. 고생했다는 말 한마디와 바람피운 남자는 반드시 돌아온다는 오랜 믿음에 대한 짧은 확인은 기나긴 인고의 세월에 비하면 작은 열매가 아닌가 싶었다. 물론 그렇게 받아들이는 것은 최라순 씨 마음이다.

문제는 그다음에 생긴다. 남편이 한 달에 사나흘 집에 들어오는 와중에 용케 생겼다는 최라순 씨의 아들. 최라순 씨 묘사에 따르면 키가 크고 잘생겼는데, 작고 복 없게 생긴 여자와 결혼하고 말았다. 그런데 결혼해서 겨우 한두 달 다른 여자를 만난 것을 가지고 며느리가 이혼하자고 난리란다. 휴대폰을 훔쳐보다가 알게 된 것이면서 뭐가 그렇게 당당한지 모르겠다. 내 아들이 때리기를 하나, 두 집 살림을 차렸나. 남자가 한 번쯤 그럴 수 있는 것 아니냐고, 내 팔자에 비하면 며느리는 편한 게 아니냐고 물으신다.

'시대를 잘 만나 대학원까지 다니고 애도 겨우 둘밖에 안 낳은 팔자 편한 요즘 여자(?)'인 나는 좀처럼 공감하지 못했다. 내가 고통을 참았다고 해서 다른 사람에게 강요할 수는 없다. 다른 사람이 나만큼 고통을 참는 것을 당연시하면 내 고통이 아무런 의미가 없어져 버린다. 수십 년간 힘든 삶을 마지막의 짧은 사과로 모두 다 보상받기는 어렵듯이 생애 마지막 몇 달을 병에 시달리며 고통스럽게 보냈다고 해서 그 모습이 인생의 전부라고 할 수 없다.

누군가 세상을 떠나도 남은 사람들이 거치는 심리적 과정을 애도grief라고 한다. 애도의 세 단계를 살펴보면 첫 번째 단계는 죽음을 완전히 받아들이지 못하기에 멍하고 슬픔을 느끼지 못한다. 조금 시간이 지나서 두 번째 단계로 접어들어야 쓸쓸해지고 슬픔을 제대로 느낀다. 그 사람의 마지막 모습과 거기에 관련된 안타까움을 주로 생각하기 때문이다. 세 번째 단계에서 비로소 그 사람의 삶 전체에 대해 생각할 수 있게 된다.

나도 아버지가 돌아가셨을 때 이런 과정을 겪었다. 장례를 치를 때는 정신이 없고 슬픈 줄 몰랐다. 이후 몇 달 간 아버지가 병상에서 먹지도 못한 채 항암치료를 받으며 힘들어하시던 모습만 떠올랐다. 그게 아버지 인생의 전부였던 것처럼. 하지만 1년이 지나자 아버지의 삶에서 내가 자랑스러워했던 부분, 우리가 보낸 좋은 시간, 어린 시절의 소중한 기억이 되살아나기 시작했다(지금 사랑하는 사람을 잃어서 힘든 분들도 나중에는 그 사람의 좋은 모습을 다시 기억하게 될 것이다).

애도의 세 단계를 이해하는 것은 자신의 삶을 돌아보는 데 유용하다. 우리 삶의 결말은 공평하게도 죽음이다. 그러나 결말은 사실 점으로 찍을 수 있는 한순간이다. 문장의 내용이 중요하지 마침표가 예쁘게 찍힌 데 집착할 필요는 없다. 내용이 좋아야 좋은 글이니까.

어떤 영화가 좋았다고 말하려면 전체 상영 시간에 걸쳐서 봐야 한다. 그러나 사람들은 인생을 기계처럼 정확하게 기억하지 못한다. 이를 '지속 시간 무시의 법칙'이라고 한다. 누군가 이석증을 앓는 것과 출산 중에 무엇이 더 고통스러웠느냐고 묻는다면 얼마나 오랜 시간 고통스러웠는지를 함께 고려해야 한다. 그런데 사람들은 가장 큰 고통을 느낀 때를 기준으로 기억하고, 또 그것이 어떻게 끝났는지가 중요하다. 출산처럼 기쁜 결과를 얻으면서 끝나버리는 고통은 대부분 실제보다 더 작게 기억하고, 이석증처럼 강도가 센 고통은 시간이 짧은데도 더 크게 기억한다.

자신의 삶에 대해 평가할 때도 마찬가지다. 자녀가 결혼한 것처럼 대단히 기쁜 일이나, 형제가 세상을 떠난 것처럼 대단히 슬픈 일이 기억에 남을 수는 있다. 하지만 매일 계속되는 소중한 일상을 일궈내기 위해 우리는 알게 모르게 오랜 시간 노력했다. 밤새워 작성한 보고서, 지하철에서 틈틈이 읽은 책, 옛 친구에게 보낸 안부 문자 등 오랜 시간의 노력을 통해 우리 일상은 계속 흘러갔다. 오래 계속되는 시간의 소중함을 잊지 말자. 시간의 힘을 잊고 순간적인 기억과 잠시 스쳐가는 성과에만 몰입해 삶을 평가하면 마치 불행한 것처럼, 인생에서 한 게 아무것도 없는 것처럼 잘못 판단할 수 있다.

지금 일상에 감사하며 무엇인가 더 나아지기 위해 조금이라도 하고 있다면 결말이 어떻게 될까 두려워할 필요 없다. 그래도 나는 한 게 없다는 사람들이 있는데, 지금 이 책을 읽는다는 것 자체가 자기를 더 돌아보려는 노력을 하는 것이다. 적어도 한 가지 노력은 확실히 하고 있는 것이다. 시간은 공평하다. 나의 서른 살도, 나의 일흔 살도 결국은 광활한 우주의 시간에서는 다 흘러가 버린다. 대단한 업적을 지닌 사람의 삶도 괴로움과 슬픔과 후회가 있기에 마음 안에서 밖을 본다면 결국 다 마찬가지다.

인생에서
가장 행복한 시절

대학병원에서 노인클리닉을 운영하면서 65세 이상 어르신들 200분께 인생에서 어느 시절이 제일 행복했는지 조사한 적이 있었다. 이 대답에는 현재의 기분 상태, 인지 기능, 주거 상태, 교육의 수혜 등의 요소가 영향을 미칠 것이라는 가정을 했다. 결과는 '아이들이 어렸을 때'라고 답하는 분이 가장 많았다. 심지어 절반이 넘었다! 어르신들의 대답은 나에게 좀 충격이었다. 그러나 어르신들의 평생 행복했던 시절에 대한 대답은 압도적이었다.

두 번째로 많았던 답은 '바로 지금'이다. 사실 이 대답이 가장 마음에 들었다. 우울증은 일시적인 질병 상태로 원래 한 사람이 가지고 있던 긍정적 사고를 완전히 파괴하지 않을 수도 있다는, 우울증의 인지 왜곡을 이기는 것이 바로 긍정성이며 어르신들이 오히려 더 긍정적이라는 내 가설에 들어맞았기 때문이다. 현재에 감사하고 즐길 수 있는 삶이 나이가 많이 들어서도 가능하다니! 나도 나이가 들 것이기에 위안이 되기도 했다.

자유롭게 연애를 할 가능성이 크고, 체력이나 지적인 능력이 최고인 시절을 꼽은 분은 없었다. 지능, 외모, 체력, 재력이 최고라고 해서 가장 큰 행복을 맛볼 수 있는 것은 아니라는 뜻이다. 실제로 삶의 만족도가 가장 높은 때는 65~69세라는 연구 결과도 있다.

어느 나이에 가장 행복한지보다는 왜 그렇게 생각하는지에 대한 까닭이 더 중요할지도 모른다. 품 안의 자식이라고 내가 자녀에게 뭔가를 해줘야만 했던 그 시절이 행복한 까닭은 앞날에 대해 새로운 희망을 가질 수 있었기 때문이다. 사람은 생각보다 이기적이어서 아무런 보상이 없는 것에 자기 삶을 투자하지 않는다. 아이를 키우는 것은 일상에서 보답을 받는 일이었다. 남들보다 특별한 성과를 내서 행복한 것이 아니었다. 무엇을 가지고 있느냐, 무엇을 이루었느냐보다도 지금 무엇을 하고 있느냐가 중요했다. 그래서 아이를 키우던 시절 다음으로 많은 대답이 '바로 지금'이 아닐까.

하지만 지금 힘들게 아이를 키우며 1년에 영화 한 번 보러 가지도 못하는 엄마들, 힘들게 일하고 집에 들어가면 아내는 마치 나를 놀다 온 사람처럼 취급한다는 아빠들은 이 시절이 어떻게 가장 행복할 수 있느냐고 발끈한다. 의아해한다. 이 차이는 어디서 나오는 것일까? 우리는 머리가 하얗게 새어버린 먼 미래에서 돌아보듯이 현재를 살 수는 없을까?

원하는 바를 다 이루고 마음이 편해지는 삶은 언제쯤 올까? 아쉽게도 우리 삶에서 그런 시절은 오지 않는다. 나는 개원할 때 망하지만 않았으면 좋겠다고 생각했다. 그러면 바랄 것이 없다고. 그러나 조금 지나니 직원이나 시스템 등에 대한 불만과 여러 가지 욕심이 또 생겼다. 참 간사하다. 나만 특별히 간사한 것은 아니라고 합리화를 해본다. 아무리 좋은 것을 달성하더라도 좀 있으면 권태로워지는 것이 인간의 본능이다. 그래서 현재에 안주하지 않고 새로운 자극을 찾아 나선다. 목표를 달성하면 새로운 목표를 설정한다. 그리고 새로운 목표를 달성하기 위해 의지를 불태운다. 또 다시 새로운 목표를 달성하면 잠깐 즐겁다가 다시 권태로워질 수 있으며, 자잘한 것에 불만이 생길 수 있다.

안빈낙도라는 말은 결코 소박하지 않다. 안빈낙도야말로 인간이 도달하기 힘든 이상향이다. 불교에서 말한 것처럼 인간은 고통보다 권태를 더 견디기 힘들어한다. 그 결과 새로운 높은 기준을 정하고 스스로 고통 속으로 들어간다. 사기 의지에 의해서. 언제쯤 꿈이 다 이루어지고 편안하게 살지 기대한다면 그런 시절은 오지 않는다. 그 기대는 반드시 충족되지 않기에 또 불행이 시작된다. 꿈이 다 이루어지지 않아도 꿈을 이루려고 걸어가는 과정이 행복이다.

에필로그

어른의 삶이란

책을 써놓고 이런 말씀을 드리기가 참 그렇지만, 책을 다 읽으신 분들에게 활자로 찍혀 나왔다고 해서 너무 믿지 말라고 말씀드리고 싶다. 소위 말하는 '활자의 권위'에 눌리지 말기를. 부디 의과대학 교수까지 했던 정신건강의학과 전문의가 하는 말이라고 전부 믿지 말기를. 이 책은 한 개인이 공부하고 진료실에서 듣고 경험한 것에 대한 기록에 불과하다. 개인의 조언에는 한계가 있다. 내가 옳다고 믿는 논문과 책을 인용한 것이지만, 잘 찾아보면 반대의 주장을 펼치는 학자도 많다.

어떤 책이든 의문을 갖거나 반박해보는 것이 필요하다. 내 말을 받아들이기 어렵다면 아니라고 자신 있게 말하기를 바란다. 무조건 내 입에 쓴소리라서 싫다고 하지는 말고. 정신과 의사들이 쓴 책은 다 별로라는 편견도 말고. 이런 점을 왜 반대하는지, 그렇다면 대안은 무엇인지 고민해보는 것은 우리가 책을 읽는 중요한 이유가 아닐까.

평생 더 나아지기 위해 애쓰는 것 그리고 갖고 태어난 특성을 인정하는 것 사이의 균형이 중요하다. 우리의 삶은 어린 시절에 결정되지 않는다. 아이와 달리 어른의 삶은 바란다고 무조건 바뀌지도 않는다. 꼭 앞으로 나아갈 필요 없다. 뒤로 옆으로 좀 가도 된다. 다만 가만히 있지만은 말자는 이야기를 하고 싶었다. 부족하지만 내가 건넨 망원경으로 잠시 세상을 봐주어서 정말 감사드린다.

주위 사람들은 내게 많은 것을 이루었다고 한다. 그러나 이 책을 쓰기 위해 여러 가지 공부를 하면서 앞으로 스스로를 더 돌아볼 필요가 있음을 깨달았다. 나는 과연 이 책에서 말하는 내용의 몇 퍼센트 정도나 실천하고 살 수 있을까? 아직 갈 길이 멀다.

처음 쓰기 시작할 때는 나를 위한 책이었지만, 이제 이 책은 내 것이 아니라 당신 것이다. 어디로 흐를지 모르는 뻔하지 않은 삶을 만지는 데 조금이라도 도움이 되기를 빈다. 학교에서 누가 지각하면 지각도 하지 않은 애들 앞에서 "너희들 이런 식으로 자꾸 지각하면…"이라며 혼내던 선생님이 생각난다. 이 책도 그런 오류에서 자유롭지 못하다. 아마 이 책을 읽은 어른들은 처음이어도 잘 해내고 있지만, 더 잘 살고 싶은 사람들일 테니까.

참고문헌

조지 베일런트, 《행복의 조건》, 이덕남 옮김, 프런티어, 2010

마이클 가자니가, 《왜 인간인가?》, 박인균 옮김, 추수밭, 2009

김태련 외, 《발달심리학》, 학지사, 2004

이케가야 유지 외, 《해마》, 박선무 외 옮김 , 은행나무, 2006

테드 창, 《당신 인생의 이야기》, 김상훈 옮김, 행복한책읽기, 2004

노경선, 《아이를 잘 키운다는 것》, 예담Friend, 2007

최삼욱, 《행위중독》, 눈출판그룹, 2017

고영성 외, 《완벽한 공부법》, 로크미디어, 2017

전겸구, 《화, 참을 수 없다면 똑똑하게》, 21세기북스, 2012

로버트 새폴스키, 《스트레스》, 이재담 외 옮김, 사이언스북스, 2008

장우성, 《알기 쉬운 인격장애》, 하나의학사, 2003

주디스 허먼, 《트라우마》, 최현정 옮김, 열린책들, 2012

하워드 가드너, 《인간적인 창의성》, 전경원 옮김, 창지사, 2006

기시미 이치로 외, 《미움받을 용기2》, 전경아 옮김, 인플루엔셜, 2016

수 클리볼드, 《나는 가해자의 엄마입니다》, 홍한별 옮김, 반비, 2016

신동원, 《멍 때려라!》, 센추리원, 2013

안토니오 다마지오, 《데카르트의 오류》, 김린 옮김, 눈출판그룹, 2017

소피아 뎀블링, 《나는 내성적인 사람입니다》, 이순영 옮김, 책읽는수요일, 2013

수전 케인, 《콰이어트》, 김우열 옮김, 알에이치코리아, 2012

빅터 프랭클, 《삶의 의미를 찾아서》, 이시형 옮김, 청아출판사, 2005

대니얼 카너먼, 《생각에 관한 생각》, 이창신 옮김, 김영사, 2018

Irvin D. Yalom, 《치료의 선물》, 최웅용 외 옮김, 시그마프레스, 2005
Laura E. Berk, 《생애발달2》, 이옥경 외 옮김, 시그마프레스, 2009
Michael S. Gazzaniga, 《The Cognitive Neurosciences III》, MIT Press, 2004
Stephen M. Stahl, 《Stahl's Essential Psychopharmacology: Neuroscientific Basis and Practical Applicants(Paperback 4 Revised edition)》, Cambridge University Press, 2013

어른이 처음이라서 그래

초판 1쇄 발행 2018년 7월 5일
초판 3쇄 발행 2020년 12월 2일

지은이 하주원
펴낸이 이지은
펴낸곳 팜파스
책임편집 임소연
디자인 어나더페이퍼
마케팅 김민경, 김서희
인쇄 범선문화인쇄

출판등록 2002년 12월 30일 제10-2536호
주소 서울특별시 마포구 어울마당로5길 18 팜파스빌딩 2층
대표전화 02-335-3681 팩스 02-335-3743
홈페이지 www.pampasbook.com | blog.naver.com/pampasbook
이메일 pampas@pampasbook.com

값 13,800원
ISBN 979-11-7026-208-4 (03180)

이 도서의 국립중앙도서관 출판예정도서목록(CIP)은 서지정보유통지원시스템 홈페이지(http://seoji.nl.go.kr)와 국가자료공동목록시스템(http://www.nl.go.kr/kolisnet)에서 이용하실 수 있습니다.(CIP제어번호: CIP2018018104)